Pour aujourd'hui
et pour demain

Jacques Delors

Pour aujourd'hui et pour demain

Préface de Pascal Lamy

Textes réunis et présentés
par Sébastien Maillard

Odile Jacob

3, rue Auguste-Comte, 75006 Paris

www.odilejacob.fr

ISBN : 978-2-4150-1203-8

Préface

Pascal Lamy
Coordinateur des Instituts Jacques-Delors

À l'occasion du centenaire de la naissance de Jacques Delors (1925-2023) on trouvera ici l'essentiel de sa pensée sur ses thèmes favoris telle qu'il l'a lui-même exposée avant, pendant et après sa période à la tête de la Commission européenne.

Ces textes ont été regroupés autour de grandes thématiques qui constituent en quelque sorte la généalogie du corpus intellectuel et politique ayant guidé son action, et qui correspondent aux épisodes marquants de sa vie de syndicaliste, puis d'expert du social et de l'économie, enfin d'acteur incontournable sur les scènes politiques française, européenne et mondiale.

Ce qui frappe, à leur lecture, c'est leur incroyable actualité plusieurs décennies après leur rédaction, et à quel point les propos et les ambitions de leur auteur résonnent avec les grands défis auxquels nous sommes confrontés aujourd'hui.

C'est le cas avec ce qu'il considérait comme l'équation des temps modernes qui consiste à articuler soutenabilité sociale, économique et environnementale, et dont la solution repose sur un choix collectif d'équilibre entre compétition, coopération et solidarité.

C'est le cas de sa philosophie politique selon laquelle chaque être est unique, mais se construit et se révèle dans sa relation avec autrui, la responsabilité individuelle de chacun nourrissant le caractère convivial de la société. À l'opposé d'un individualisme exacerbé qui fait obstacle à la mise en mouvement de la société, seule porteuse légitime des changements et des compromis qu'implique le progrès social. Avec ce qu'il faut de subsidiarité, autrement dit de décentralisation et de confiance dans les communautés locales.

C'est le cas du sens qu'il donnait à l'union des Européens. Lorsqu'il la définissait comme une « Fédération d'États-nations ». Ou lorsqu'il en faisait un choix entre « la survie ou le déclin », une formule que je trouvais trop pessimiste et que je n'ai comprise que bien tard, lorsque vint le temps des menaces qui nous entourent désormais. Survie d'une manière de vivre ensemble faite d'attachement à la démocratie, à la séparation des pouvoirs, à la protection effective des droits de l'homme, à une économie sociale de marché réconciliée avec la nature, à l'État providence, à l'accès à l'éducation et à la formation permanente, à la santé et à la culture pour tous. Survie d'une identité conditionnée par la puissance économique, la cohésion sociale et une forme d'âme européenne à insuffler sans lesquelles nous serions dépassés. Y compris pour se doter d'une défense commune dont, avant bien d'autres, lors de son tour des capitales de l'été 1984, il traçait les contours, ou bien encore, en 1995, pour mettre sur pied une communauté de l'énergie.

Ce travail, que j'ai eu plaisir à coordonner, doit beaucoup à Sébastien Maillard à qui je laisse le soin d'exposer nos choix méthodologiques et aussi, plus important, de remercier celles et ceux des « deloriens » qui ont mis la main à la pâte.

Avant-propos

Sébastien Maillard
Conseiller spécial de l'Institut Jacques-Delors,
directeur de 2017 à 2023

Cette sélection de discours, entretiens, tribunes, articles et autres permet de lire du Delors dans le texte, mais surtout, comme l'indique Pascal Lamy en préface, d'en dégager à la fois la hauteur de vue et l'actualité. Inévitablement, des exemples, des illustrations et des chiffres paraîtront datés. Nous avons pris soin d'alléger plusieurs interventions de passages trop circonstanciés ou de définir entre parenthèses certaines références afin de mieux faire ressortir tout ce qui n'a pas pris de ride.

Le choix a aussi été fait de ne pas couvrir uniquement l'Europe. Bien que provenant pour la plupart de ses engagements européens, les textes retenus couvrent des champs plus vastes. Éducation, agriculture, société, environnement, développement… le recueil permet de (re)découvrir les sujets de prédilection de Jacques Delors. Ils commandent la répartition des interventions non par ordre chronologique mais en trois parties thématiques rapidement introduites : la première à dominante sociale, la deuxième à dominante économique et la troisième sur l'intégration européenne proprement dite. Rien d'étanche toutefois dans cette division de réflexions avant tout transversales. D'une partie à l'autre, les thèmes inévitablement s'enchevêtrent, faisant ressortir l'unité d'une pensée où le social ne s'oppose pas à l'économique, ni l'économie à l'environnement. Pas plus que l'Europe aux nations. Ni l'idéal à la nécessité. Ses réflexions ne sont pas des paroles « en l'air » mais ancrées à la réalité sur laquelle ces divers textes s'appuient.

Pour coller ainsi au plus près de l'approche de Jacques Delors et retrouver la fraîcheur de son propos, nous avons bénéficié du concours de plusieurs parmi ceux qui ont collaboré directement avec lui. Nous remercions Jean-Michel Baer, Günter Burghardt, Jean-Luc Demarty, Sofia Fernandes, Marjorie Jouen, Eneko Landaburu, Gaëtane Ricard-Nihoul, Geneviève Pons, Christine Verger et Jérôme Vignon pour leur aide à identifier les interventions les plus significatives pour ce recueil.

Celui-ci n'aurait pu être réalisé sans la contribution essentielle et le savoir-faire de Paul-Antoine Tugayé, doctorant en histoire, dont les recherches persévérantes dans les archives Delors mais aussi auprès du Parlement européen, de la Conférence européenne des syndicats ou à la Bibliothèque nationale ont permis de retrouver l'essentiel des textes présentés.

Nos remerciements s'adressent enfin tout spécialement à Martine Aubry, pour son appui à cette initiative, à l'éditrice Odile Jacob, qui lui fit immédiatement bon accueil et à Enrico Letta, qui fait tant honneur à nos engagements.

Si cet ouvrage introduit à la pensée souvent inquiète et toujours engagée de Jacques Delors, celle-ci aimait aussi vagabonder hors des sentiers intellectuels. Ceux qui l'ont côtoyé de près évoquent sa passion pour le sport : le football, en fidèle supporter du LOSC (et d'Anderlecht...), le cyclisme, en adepte assidu du Tour de France, le basket de ses jeunes années de patronage. Un féru de cinéma aussi et un amateur de jazz, qui demanda à en faire jouer lors de ses obsèques. Un homme aussi fidèle à sa foi catholique. Ainsi, les présents textes disent beaucoup mais ne résument pas tous les goûts, la curiosité et la sensibilité qui font l'épaisseur d'une personne.

PARTIE I

L'ingénieur social

Introduction

Voici la pensée d'un homme d'abord et toujours en quête de justice sociale. Celle-ci commence dès l'école, où le jeune Parisien voit ses camarades contraints déjà d'aller travailler quand lui a la chance de poursuivre au lycée. « Bachot » en poche, lui-même n'accomplira guère de longues études supérieures, prenant en 1945 un premier emploi de rédacteur à la Banque de France, où travaille son père. Jacques Delors y gravit les échelons, notamment grâce aux cours du soir. Ces expériences directes ont nourri ses réflexions abondantes sur l'éducation et sur le besoin de la mener « tout au long de la vie » afin de permettre une réelle égalité des chances. La seule loi française à laquelle est attaché le nom de Delors est précisément celle de 1971 créant la formation permanente.

Cette loi honore d'autant mieux son nom qu'elle est le fruit d'une négociation entre partenaires sociaux. Jacques Delors est fils du syndicalisme, un syndicalisme inspiré par la doctrine sociale de l'Église, dont il fréquente aussi les cercles de réflexion et mouvements (JOC, La Vie nouvelle). C'est à la CFTC, qui deviendra la CFDT, que l'employé de la Banque de France fait ses premières armes de négociateur. C'est à travers le syndicat aussi qu'il se forme à l'économie et en devient un pédagogue apprécié. D'où également une pensée sociale inséparable chez lui de l'économie, qui s'articulent et non s'opposent.

Son autre laboratoire social, c'est le commissariat général au Plan qu'il rejoint en 1962. C'est là qu'il contribue à dénouer la grève de mineurs, l'un des plus rudes conflits de ces débuts de la Ve République : la lampe offerte à cette occasion par les corons ne quittera jamais son bureau. Cependant les Trente Glorieuses transforment nos sociétés vers une forme d'abondance matérielle qui incite Jacques Delors à explorer d'autres champs sociaux appelant de nouveaux progrès. Il s'intéresse notamment à la gestion des temps, happés par la modernité et par l'urbanisme galopant, et plus largement au « modèle de société », une question qu'il portera naturellement à l'échelle européenne. La fréquentation en parallèle de clubs de réflexion (Citoyens 60) et de débats militants débouche finalement sur son engagement politique.

Toujours par la porte sociale Jacques Delors accepte en 1969 de rejoindre à Matignon le cabinet de Jacques Chaban-Delmas comme conseiller social. Une position qui lui permet d'inspirer en partie le discours du Premier ministre gaulliste sur la « Nouvelle société ». Plus tard, dans ses responsabilités européennes, il emmène le social avec lui alors que le chômage de masse se répand en plusieurs pays. Comme président de la Commission à partir de 1985, il engage d'emblée le premier dialogue social européen.

Plusieurs réalisations concrètes gardent cette empreinte sociale, des plus populaires, comme le programme de bourses Erasmus pour faciliter la mobilité des jeunes, à d'autres moins connues du grand public, comme le cofinancement de l'aide alimentaire aux plus démunis. D'autres réalisations à teneur économique, rappelées dans la deuxième partie de cet ouvrage, ont une dimension sociale manifeste, à l'instar de la politique de cohésion.

Ce fil conducteur traverse toute son œuvre. Y compris celle plus tardive, au retour de Bruxelles, lorsque Delors accepte pour l'Unesco une mission sur l'éducation, thème qu'il aura ainsi porté tout au long de sa vie. Il reprend plus tard la tête du CERC (Conseil de l'emploi, des revenus et de la cohésion sociale). L'exigence de justice sociale par une approche globale, dans la durée, et par des moyens opérationnels novateurs lui a valu l'appellation d'« ingénieur social », qu'il acceptait volontiers. Une ingénierie sociale inspirée par le personnalisme. En disciple d'Emmanuel Mounier, Jacques Delors aura sa vie durant cherché à mettre la personne dans toutes ses dimensions au centre de la vie publique, à explorer comment harmoniser les rapports entre la personne et la société, en impliquant et en responsabilisant toutes ses parties prenantes pour les mettre en mouvement.

L'aménagement du temps de travail

« La double réappropriation du travail et du temps[1] »

Le bien le plus rare, et pourtant le plus ignoré de nos économistes, est le temps. Objet de dissertation poétique ou philosophique, le temps n'est jamais entré explicitement dans le domaine du politique, de celui qui doit à la fois être à l'écoute des aspirations et au centre des synthèses et des propositions tendant à améliorer la société.

Dès que le temps est considéré dans sa nudité et dans sa globalité, il peut devenir le point de départ d'une réflexion politique au croisement de la personne et de la collectivité, et ce, dans une période de mutations profondes où l'hédonisme issu de la société de consommation le dispute aux normes de frugalité que l'on nous recommande ou nous impose au nom de la crise. Choc explosif et bizarre que celui de l'hédonisme

1. Préface à *La Révolution du temps choisi*, Albin Michel, « Échange et Projets », 1980.

et de la crise, choc qui désoriente l'observateur tantôt obnubilé par le développement des vacances d'hiver, tantôt frappé par les ravages du chômage et des inégalités.

Et si précisément la redécouverte du temps nous permettait de considérer d'un œil vraiment neuf les défis du présent et de l'avenir ? Non pas la réponse à tous nos problèmes, qu'il s'agisse de maintenir notre compétitivité et donc notre indépendance économique, ou bien encore de contribuer à l'émergence d'un ordre économique et monétaire mondial plus juste et plus efficace, mais plutôt une clé, parmi d'autres, pour sortir de cet enclos de contradictions dans lesquelles nous sommes actuellement enfermés. [...]

Une autre manière de vivre et de travailler

En d'autres termes, si nous pouvions sortir de la crise grâce à une autre manière de vivre, une autre manière de travailler, une autre manière de penser ? Cette réflexion n'est pas sans soulever, une fois de plus, le problème qui se pose à qui veut vraiment contribuer au changement de notre société : comment, et avec l'appui de quelles forces, de quels dynamismes, peut-on concilier heureusement l'innovation sociétale et l'ingénierie sociale ?

Une autre manière de vivre ! Qui n'y songe pas, en voyant sa vie découpée en tranches qui sont autant de vases non communicants ? La contestation du productivisme n'est pas d'aujourd'hui. Dès les années 1950, dans des cercles comme *Esprit*, où Jean-Marie Domenach dénonçait la primauté de l'avoir sur l'être, ou dans les sessions de formation que nous animions à la CFDT [alors CFTC], nous mettions chacun en garde contre les excès de la consommation matérielle et de la massification. Ces propos ne furent guère entendus à l'époque, ou bien furent tournés en dérision ; voilà bien, disait-on, ces moralistes ou ces « empêcheurs de tourner en rond », ou, plus insidieusement, ces « adversaires du progrès ». Alors que nous ne faisions que poser une question simple : « Quel usage allons-nous faire, allez-vous faire des fruits du travail collectif, de la croissance économique ? » Certains d'entre nous étaient persuadés qu'il était possible de réaliser autrement – et dès cette époque – les potentialités de développement économique et social. Faisons un saut jusqu'en 1968, et voilà que la question resurgit, que la contestation est menée, cette fois-ci, par les enfants du « miracle économique ». Le slogan « métro-boulot-dodo » illustre le refus de cette vie coupée en tranches et souvent dénuée de signification. Sur les mêmes murs s'affiche l'aveu qui est en même temps la condamnation d'un mode de vie : « On n'est pas heureux avec un taux de croissance. » Et Raymond Aron de parler des « désillusions du progrès », tandis que la CFDT dénonce « les dégâts du progrès ».

Mais laissons de côté l'histoire de nos propres déceptions pour n'en retenir que l'enseignement principal : la deuxième révolution industrielle ne portait pas automatiquement en elle-même les conséquences jugées aujourd'hui néfastes de sa réussite. Mais ce fut quand même cette tendance lourde qui l'emporta largement. La diffusion des biens de grande consommation ne pouvait se concevoir que grâce à des progrès de productivité impliquant une organisation de la production fondée sur trois principes jugés indissociables : la concentration des pôles de production et de leur environnement technique et financier, l'extension du taylorisme dans l'organisation du travail et la standardisation des biens et donc des avantages offerts.

Or c'est bien là que le bât blesse, le mode de production fut projeté sur le mode de vie, devenu une sorte de décalque du premier. La concentration se traduisit par la poussée urbaine ; le taylorisme introduisit dans le quotidien, en raison même des contraintes du temps de travail, du temps de transport, du temps scolaire, du temps de télévision… ; la massification enfouit l'homme et la femme dans un univers où se rompaient et s'étiolaient les liens traditionnels et où dominaient de plus en plus les manipulations de la publicité et des médias. L'univers de la consommation ostentatoire s'étendait aux idées et surtout aux normes distillées par le pouvoir de l'État et de l'argent.

Arrêtons-nous un instant dans nos fébriles activités ou semblants d'activité, posons-nous la question : « Et si nous pouvions vivre autrement ? » Regagner du temps pour méditer, échanger avec les autres, intervenir personnellement dans le champ des activités sociales et politiques. Choisir son temps et mieux le raccorder à ses propres rythmes sociologiques ou affectifs. Exister enfin ! Cesser d'être ce robot pensant (si peu), ce jouet des sondages, ce spectateur passif du plus grand spectacle du monde, celui que nous offre la télévision. Ne rien jeter au panier, mais utiliser tout, autrement, à partir de cette volonté de vivre autrement.

Ce propos peut paraître excessif dans la mesure où il ne s'accompagne pas de l'énoncé des nombreuses résistances que rencontre cette taylorisation de la vie quotidienne et personnelle : le maintien d'échanges familiaux grâce aux vacances souvent prises avec les ascendants et descendants ; le succès croissant de la ville moyenne où l'on peut mieux relier coupures dans le travail et vie familiale (par le repas de midi)… Autant de signes encourageants pour ceux qui, comme nous, veulent faire basculer le modèle de société.

Autogestion du temps

Pour le faire, nous proposons la réappropriation par chacun de son temps, une véritable autogestion du temps, devant, bien entendu, s'accompagner d'une amélioration de l'environnement sociétal. Car à quoi bon pouvoir choisir son temps, accroître son temps libre, si ce n'est que pour arpenter les rues grises et désertiques des banlieues privées de toute animation, ou encore nourrir davantage le cercle d'indifférence autour de la télévision ?

Nous sommes là dans un domaine où les choix individuels ne peuvent s'enrichir que si, parallèlement, se modifient les choix collectifs. Il restera ensuite à chacun à construire son temps, à le nourrir seul face à sa responsabilité devant soi-même, devant les siens, devant les autres qui attendent de lui un geste ou une parole, devant la société qui a besoin de lui, ou qui plutôt devrait avoir besoin de lui. Usage du temps et usage de la démocratie, voilà un beau sujet de méditation pour tous ceux qui refusent le message actuel des pouvoirs : « Travaillez, distrayez-vous : nous faisons le reste. »

Il s'agit donc bien d'un choix de société qui a cependant cette particularité de vouloir renforcer les possibilités de choix individuel. [...] Nous voulons combiner judicieusement le changement par le haut et le changement par le bas.

Cette autoproduction d'une nouvelle société ne se fera que par un travail sur la société elle-même et sur les choses. Le travail est, au surplus, tellement inséparable de notre vie ! Il nous marque de son empreinte, culturellement et socialement. [...] Ce qui nous introduit à penser une autre manière de travailler.

Il se trouve que cette réflexion sur une politique du temps intervient au moment où nos sociétés s'interrogent sur la signification actuelle et à venir du droit au travail et de la notion de plein-emploi. Les faits sont ce qu'ils sont. Il est vrai que l'enjeu de cette bataille politique – du temps pour vivre mieux et autrement – aurait pu être posé au cours des années 1960 et se traduire par un choix différent en ce qui concerne les dividendes de la croissance : moins de biens et services, plus de temps libre. Si une telle option avait alors été retenue, nul doute que notre modèle de développement en eût été heureusement affecté, car il aurait été moins engagé sur la consommation ostentatoire, le gaspillage, plus tourné vers l'aménagement du cadre de vie. Mais ne rêvons pas. Il y avait à l'époque plus de sourds que d'entendants.

Aujourd'hui, cet objectif – gagner du temps libre – est reçu par les uns comme une provocation, par les autres comme une espérance.

Comment, disent les premiers, pouvez-vous envisager de travailler moins, alors que le nouveau choc pétrolier et l'aggravation de l'inflation doivent nous conduire à développer notre effort de production, pour payer la note pétrolière grâce à des exportations accrues ?

Remettre les chômeurs au travail

Nous estimons, quant à nous, que la solution la moins coûteuse économiquement et socialement pour produire plus est de remettre les chômeurs au travail. D'où l'idée que l'aménagement du temps de travail, par la révolution du temps choisi, permettra de créer des centaines de milliers d'emplois nouveaux et, au total, de travailler plus et de diminuer le poids des dépenses improductives.

Et c'est ainsi que l'on répond à l'espérance des seconds, dont nous partageons les finalités : réduire le travail, pour le partager, c'est donner une nouvelle incarnation à la belle idée de solidarité qui a inspiré les grandes réformes sociales de ces cinquante dernières années. La vraie révolution de ce demi-siècle, inspirée par Lord Beveridge, mise en œuvre par le socialisme, démocratique, c'était de faire en sorte que chacun puisse disposer d'un minimum de chances égales et de garanties. Après quoi, à chacun de jouer sa chance dans une société de liberté et de responsabilité. [...] Pourtant c'est cet acquis relatif qui est remis en cause aujourd'hui : le droit au travail n'existe plus avec 6 % de chômeurs, la multiplication des contrats de travail à durée déterminée et autres formes d'emplois précaires, les insuffisances des relations entre formation et emploi, l'éducation bloquée, un patronat socialement myope et réclamant un retour en arrière. En proposant le partage du travail entre ceux qui ont un emploi et ceux qui n'en ont pas, nous avons le sentiment d'arrêter cette mécanique infernale qui ronge nos acquis sociaux et nos valeurs fondamentales, le travail et la solidarité.

Il ne s'agit pas d'un remède miracle, car rien ne nous dispensera des efforts à mener par ailleurs pour relever les défis de la science et de la technique, améliorer la compétitivité de nos entreprises, favoriser l'éclosion – opportune aussi pour des raisons technologiques – des petites entreprises, de l'artisanat, du troisième secteur... toutes ces actions aboutissant à créer des emplois, beaucoup d'emplois. Non, il n'y a là qu'un remède utile, porté par un projet dont la dynamique propre peut susciter d'autres innovations.

Car c'est un projet d'ensemble qu'implique le partage du travail. Mais il va bien au-delà de la réduction du temps de travail et de la création d'emplois nouveaux. Il combine les effets attendus de la réduction du temps de travail avec ceux escomptés d'une gestion plus souple et plus personnalisée des horaires de travail, et aussi d'une conduite plus flexible des entreprises.

Il implique, tout d'abord, une autre manière de travailler, de telle sorte que soit cassée, chaque fois que cela est possible, l'opposition, d'ailleurs factice, entre le travail aliénant et le loisir épanouissant. En améliorant les conditions de travail, en donnant à tous la possibilité d'influer sur l'organisation comme sur le temps de travail, c'est le travail même que l'on veut revaloriser sachant combien il est illusoire de prétendre à une vie hors travail pleine de créativité, lorsque le travail vous ramène au rang d'exécutant, à la connaissance limitée et aux initiatives interdites.

Mais ce projet va plus loin, dans ses ambitions extrêmes et dans ses développements ultérieurs. Il entraîne chacun à se réapproprier son temps, à se construire un cheminement professionnel autour duquel peuvent s'inscrire, en temps utile, les parts qui doivent être faites à une vie familiale plus intense dans certaines phases, notamment quand l'enfant naît, à un besoin de changement de travail qu'il sera possible de préparer en utilisant, en temps utile, la formation permanente, à un souci de s'investir pleinement pendant une courte période dans la vie politique ou associative, à préparer, grâce à un décollage progressif, le passage à la retraite… Alors le travail retrouve pleinement sa place, non seulement comme élément central de revenu, mais aussi comme une activité liée aux autres activités, dans un enrichissement réciproque.

Rapprocher domicile et lieu de travail

Cet horizon est d'autant moins inaccessible que s'éloignent les contraintes que nous nous étions abusivement données dans les années 1950 et 1960. La nouvelle révolution industrielle est porteuse de promesses pour notre projet. Au lieu de la standardisation des biens et services délivrés par la production de masse, elle ouvre la voie à des biens et services plus personnalisés fournis par de petites unités. Au lieu de la concentration industrielle et urbaine – source d'économies d'échelle et de rendement accru par la facilité d'accès aux informations et aux services –, elle nous laisse entrevoir les immenses potentialités de l'énergie à portée de la main, de l'information distribuée, de l'échange à distance, fondements d'une profonde décentralisation à réaliser et qui, en rapprochant le domicile du lieu de travail, luttera contre la société chronophage. Au lieu d'une taylorisation poussée à l'extrême avec ses retombées négatives (les maladies et les traumatismes industriels, la montée de l'absentéisme et de la mobilité d'insatisfaction), elle ouvre la perspective d'un travail en petites équipes autonomes, autrement dit l'autogestion en pratique.

Ainsi, la redécouverte de la valeur du temps venant en pleine mutation de l'univers productif nous entraîne tout naturellement vers une autre manière de travailler et un autre modèle de développement, très décentralisé dans ses actes de décider et de produire, très étalé sur le plan géographique, avec toutes ses conséquences sur les nouvelles formes de vie en collectivité :

le village urbain, le réseau combiné d'habitats et de lieux de production… pour ne prendre que deux exemples. Au total, un mode de croissance plus respectueux non seulement du temps et des équilibres de l'homme, mais aussi des rythmes et des ressources de la nature.

Nous voilà passés insensiblement du projet présenté comme réalité à l'utopie. Mais n'en est-il pas toujours ainsi ? L'utopie est là, dès le départ de la réflexion : réconcilier travail et non-travail, refaire connaissance avec le temps et sa continuité, se retrouver devant son destin et le prendre en charge. L'utopie n'est jamais pleinement accessible, tant sont grandes les pesanteurs de l'action politique ou sociétale, mais elle est toujours là pour stimuler les porteurs du projet, pour les réveiller alors qu'ils seraient tentés d'abandonner, tant la tâche est ardue, pour les éclairer afin qu'ils retrouvent des voix pour se faire entendre à nouveau et les voies pour de nouvelles avancées.

Il n'y a d'ailleurs pas d'utopie constructive sans un support de valeurs. Valeurs qu'il ne faudrait pas ranger indûment au rang de vieilleries. Valeurs certes éternelles, mais qu'il faut sans cesse réincarner dans une aventure sociale en pleine mutation. […]

C'est un peu ce que nous nous efforçons de dire en traitant de la valeur du temps et du temps des valeurs. La reconquête par chacun de son temps n'ira pas sans provoquer bien des découvertes, bien des hésitations et, qui sait, même, des angoisses. Après tout, certains ne seront-ils pas tentés de préférer le grand horloger qui découpe, à notre place, notre temps en tranches remplies trop souvent par d'autres ? Mais au moins ne nous laisse-t-il guère le temps de nous retrouver avec nous-même, avec nos proches que trop souvent nous croisons, sans plus, avec Dieu, ou, si vous préférez, avec les questions fondamentales et éternelles que pose l'Homme sur sa destinée.

Redescendons d'un cran, mais sans rien oublier des questions que nous pose le temps. Et revenons à des questions plus prosaïques, mais non sans importance pour la santé et pour l'avenir de notre société.

Considérons-nous comme inévitable une société où la tricherie s'installera en maîtresse ? Qu'il s'agisse de ruser avec les statuts du chômage, d'en utiliser au mieux les règles, d'obtenir par l'absentéisme ce que l'on vous refuse faute d'une politique globale du temps, de laisser le travail au noir se développer, sans règles ni contraintes ? Telle est la pente sur laquelle est engagée notre société, la seule question étant alors de savoir qui paiera cet immense gaspillage. La réponse est simple : sans doute, une fois de plus, les plus démunis, du point de vue des ressources, également ceux qui ont les conditions de travail les plus pénibles et les plus astreignantes. Sans omettre le manque à gagner représenté par tous ces impôts non payés, ces cotisations sociales pourtant si nécessaires au maintien d'une politique de la santé au bénéfice de tous, ou bien au service des retraites.

Pensons-nous que, comme le proclament de beaux esprits dans notre pays, nous avons été trop loin sur la voie de l'égalitarisme ; alors que la France est le pays où sont le plus directement associés les horaires les plus longs de travail, les conditions les plus dangereuses pour la santé et les rémunérations les plus basses – alors que persistent de profondes inégalités dans l'accès à l'éducation et à la culture – alors que l'usage même du temps libre fait ressortir le dénuement des uns et la prospérité jusqu'au gaspillage des autres – alors que le chômage massif et permanent fabrique de nouvelles inégalités aux dépens des femmes, des jeunes arrivés sans formation sur le marché du travail, et aussi des travailleurs âgés, des immigrés. Qui pourrait, au vu de ces faits, prétendre que la tâche est terminée pour les adeptes d'une société de bien-être, que le socialisme démocratique et ses bienfaits sont derrière nous ?

Éclatement du marché du travail

Enfin, estimons-nous que l'hédonisme ambiant (avec son corollaire, le recul de la valeur travail) finira bien par trouver un compromis avec la crise ? On nous en décrit déjà un sous la forme d'une certaine économie duale : d'un côté, un secteur ultraperformant, ouvrant sur l'extérieur, où le travail devra garder sa fiabilité, là où il ne sera pas possible de le remplacer par la machine et les microprocesseurs ; d'un autre côté, un vaste secteur, tourné vers le marché intérieur, de moins en moins performant et en payant le prix : des emplois souvent précaires, un travail considéré comme insipide, une rémunération inférieure à celle perçue par les travailleurs du premier secteur, mais des horaires de travail « élastiques » ou « permissifs ». Le secteur performant serait en osmose avec le marché périphérique du travail, celui des défavorisés, sur lequel il prendrait ou rejetterait une main-d'œuvre pour laquelle la garantie de l'emploi n'aurait plus aucun sens.

Société de la tricherie ; aggravation des inégalités ; déclin de la valeur travail ; éclatement du marché du travail : toutes ces données constituent, pour nous, le scénario de l'inacceptable.

Au contraire, par le refus du laisser-aller qui débouche sur le dédain des règles du jeu social, par une relance – sur d'autres terrains – de la lutte contre les inégalités par la revalorisation du contenu du travail et de son rôle social, par une politique globale du marché du travail, nous entendons redonner ses lettres de noblesse au travail considéré non pas simplement comme un moyen de gagner sa vie, mais comme un des moyens de la réussir.

Nous pensons que le travail comme toute forme d'activité permet de transformer la nature en biens et services utiles, ou bien de créer des relations interpersonnelles et sociales plus riches. Dans cette acception, il y a du travail pour tous. Mais le travail change de statut, il déborde le cadre des statuts, il casse la dichotomie entre travail contraint et autres activités. Le passage révolutionnaire d'une société parcellisée dans son travail et dans son temps à une société réconciliée avec le travail et avec le temps peut se réaliser grâce à une double réappropriation du travail et du temps. La première emprunte les voies de la démocratie économique, la seconde celles de la révolution du temps choisi. En réalité, elles ne peuvent réussir qu'en progressant simultanément. [...]

Que le débat s'engage...

Formation permanente

« Élargir les chances de se cultiver, donner l'appétit d'apprendre[1] »

Le thème de l'éducation permanente intéresse, passionne, mobilise. C'est indiscutable. Et comme cela est souvent le cas lorsqu'une idée se diffuse très vite et se matérialise, certains ont tendance à en attendre tout et trop, d'autres, à l'inverse, se méfient d'un projet ambigu mis en œuvre dans un contexte politique et social qui leur paraît peu favorable.

Comment y voir clair, aujourd'hui, au-delà des illusions ? La loi de juillet 1971 n'en est qu'à sa troisième année d'application, même si des expériences avaient démarré bien avant la promulgation de la loi, et si des actions tendant à développer l'éducation des adultes ou la culture populaire sont engagées depuis des dizaines d'années.

Les finalités de cette politique, telles que l'ont conçue ses promoteurs, sont connues. Elles ne sont, à vrai dire, contestées que par ceux qui préconisent une remise en cause radicale de

---

1. « Au-delà des illusions », *Esprit*, n° 439, octobre 1974.

l'institution éducative. Il conviendra d'ailleurs de relever ce défi, très stimulant et actuel, car il s'appuie sur ce que l'on peut appeler à juste titre la crise du système éducatif.

Cette réserve formulée, il suffit de rappeler en quelques mots ces finalités : rendre l'homme capable d'affronter les mutations de toute nature ; lutter contre l'inégalité des chances, en donnant précisément une deuxième ou une troisième chance à certains ; améliorer l'efficacité économique grâce à des travailleurs mieux formés…

Provoquer une transformation profonde de la politique de l'éducation

Pourtant, là n'est pas l'essentiel. L'ambition de l'éducation permanente est plus vaste, mais aussi plus difficile à tenir. D'une part, elle vise à provoquer une transformation profonde de la politique de l'éducation, en répondant mieux aux besoins présents et à venir des hommes. D'autre part, elle voudrait aider chacun et chacune à sortir du piège où l'installe une société en miettes, dominée par des technostructures sans âme et par un économisme dont les ratés sont de plus en plus impressionnants. Telles sont, me semble-t-il, les deux idées majeures qui méritent d'être discutées, tant en ce qui concerne la validité du diagnostic que la valeur réelle du remède proposé.

Mais, en guise de préalable, il n'est pas possible d'éluder les discussions toujours reprises sur la validité de la stratégie mise au point en 1970 et en 1971 pour tenter de diffuser en France une politique de l'éducation permanente.

Le contexte économique et social était favorable au développement de l'éducation permanente.

Dans le domaine économique, les plans successifs insistaient, depuis 1960, sur l'insuffisance des programmes de formation professionnelle tant pour les jeunes que pour les adultes. Et c'est la raison pour laquelle la loi du 3 décembre 1966 prévoyait des programmes de développement de la formation professionnelle, en même temps qu'elle jetait les bases de la politique de formation permanente. C'est dans le cadre de cette loi que l'administration put expérimenter les instruments pratiques de cette politique, la concertation avec les organisations professionnelles et syndicales, l'engagement des établissements scolaires et universitaires. La loi du 31 décembre 1968 vint compléter le dispositif, en codifiant et étendant les possibilités de rémunération des stagiaires. La plupart des dispositions de la loi de 1971 – droit au congé éducation mis à part – étaient contenues dans ces deux lois.

Dans le domaine social, la modernisation de notre économie entraînait des mutations de plus en plus nombreuses, alors que ni notre législation sur le chômage, ni notre politique de l'emploi n'étaient à la dimension des problèmes posés. Parmi les instruments nécessaires, figurait en premier lieu la formation des travailleurs contraints de changer d'activité ou de s'adapter à de nouvelles fonctions.

Enfin, les événements de Mai 68 avaient provoqué une vaste négociation tripartite à Grenelle où était apparu un besoin indiscutable de concertation qui allait constituer le terrain propice au lancement de la politique contractuelle. Par ailleurs, les problèmes de la formation des cadres étaient évoqués dans le Constat de Grenelle.

Les conditions étaient donc favorables à une tentative plus systématique d'octroyer un droit à la formation permanente, de faire jouer la dynamique des rapports sociaux issue de Mai 68 en utilisant une méthode plus ouverte et plus pragmatique qui rompe avec une tradition de formalisme juridique.

Le travailleur français a droit à la formation permanente. Aux termes de la loi, il peut, s'il est salarié, solliciter un congé formation de son employeur, ou, s'il est travailleur indépendant, s'organiser dans le cadre de sa profession pour être en mesure de s'absenter. En outre, dans de très nombreux cas, il reçoit, pendant la durée de son stage, outre le remboursement du coût de la formation, une rémunération égale à celle qu'il perçoit lorsqu'il travaille.

Il faut voir l'intérêt des pays étrangers et des syndicalistes de ces pays pour notre législation. C'est ainsi que l'on peut mesurer l'importance de ce droit nouveau, dont le contenu et les modalités d'exercice pourront d'ailleurs être aménagés en fonction des résultats obtenus.

Politique contractuelle

Le développement de cette politique dépend, pour une large part, de la dynamique du jeu social. La stratégie s'inscrit donc dans le cadre de la tentative faite de 1969 à 1972 pour instaurer en France, en lieu et place du vide des relations qui a trop souvent caractérisé l'histoire sociale de notre pays, les règles et les pratiques de la rencontre et de la négociation à tous les niveaux, ce que l'on a appelé la politique contractuelle. Même si cette tentative a connu des difficultés, même si elle n'est plus poursuivie dans l'esprit qui la caractérisait initialement, il n'empêche qu'elle a d'ores et déjà changé le langage des partenaires, parfois leurs attitudes, personne ne pouvant aujourd'hui se déclarer opposé au dialogue. Or la politique de formation permanente est fondée sur le dialogue à tous les niveaux : entre représentants des patrons et des salariés, à l'échelon de l'entreprise, puisque le comité d'entreprise est obligatoirement consulté ; à l'échelon national, dans le cadre de l'application de l'accord de juillet 1970 qui a préparé la loi de 1971[1] ; entre l'État et les organisations professionnelles et syndicales, ainsi que les représentants de l'école publique, au sein des comités départementaux et régionaux comme au niveau national[2].

Ces confrontations n'ont d'intérêt que si leurs acteurs ont le sentiment que tout n'est pas figé par avance, qu'un système ouvert est substitué au système mécaniste dominé par une législation qui entre dans tous les détails et un État qui non seulement détient l'unique vérité, mais a le monopole de toutes les initiatives. Or, s'il est un domaine qui appelle l'ouverture, la diversité des expériences, c'est bien celui de l'éducation permanente. Les besoins sont multiples, les motivations variées et impossibles à codifier, les situations diverses. Enfin et surtout, l'éducation permanente est une éducation

1. Cette chronologie a été voulue par les promoteurs de la loi, car la signature préalable d'un accord paritaire leur paraissait renforcer les chances d'une bonne application d'une loi s'inspirant du compromis concrètement réalisé entre représentants des patrons et des salariés.

2. Si le lecteur m'autorise une seule référence personnelle, je peux dire, pour l'avoir voulue, créée et animée, que cette concertation de l'échelon national s'est toujours déroulée dans un excellent climat non exempt d'une rude franchise. Aucune question, fût-elle délicate, n'était éludée. C'était l'une des conditions de la réussite, l'autre étant que ces réunions demeurent discrètes et ne fassent pas l'objet d'une exploitation politique de la part d'un quelconque partenaire, et surtout pas de la part de l'État. Les hauts fonctionnaires, membres de cette délégation permanente, ont beaucoup appris de leurs interlocuteurs professionnels et syndicaux. Ces derniers ont pu se tenir au courant de toutes les dimensions des problèmes posés et formuler leurs avis critiques et suggestions dont nous avons largement tenu compte. Cette expérience prouve, pour reprendre un débat d'actualité, qu'il est parfaitement possible en France, si certaines conditions sont remplies, de pratiquer une concertation efficace.

négociée entre une entreprise et ses salariés, entre le formateur et le formé. Comment imaginer que l'administration puisse, à elle seule, découvrir les besoins et mettre en œuvre les moyens de les satisfaire ?

Un système ouvert et décentralisé

Telle est la justification essentielle d'un système ouvert et largement décentralisé. Aussitôt, les gardiens farouches du dogme étatique ont évoqué la double menace : la privatisation qui tourne le dos à l'intérêt général et les « marchands de soupe » faisant la chasse à la contribution obligatoire des entreprises et détournant les ressources publiques. Il y a eu certes des bavures, comme on dit, mais d'une portée très limitée et qui sont la contrepartie d'un tel système. Mais, en revanche, que d'énergies suscitées, que d'innovations déjà réalisées. Voici un secteur où les Français, où les travailleurs, où les organisations professionnelles et syndicales, où les enseignants ne se voient pas refuser par l'État le droit à la parole, le droit à l'initiative, le droit à la responsabilité ! N'est-ce pas à souligner ?

Mais encore faut-il que l'État joue pleinement son rôle. Il dispose à cet égard d'armes suffisantes : des ressources importantes, des moyens de contrôle sur les entreprises et sur les organismes de formation, la possibilité d'inciter davantage en modifiant ses instructions et ses règlements. Sans oublier l'appui que peuvent lui apporter l'enseignement public et ses instituteurs et professeurs, pour lancer de nouvelles actions, pour accueillir certains publics, pour assurer la régulation des coûts…

On voit donc qu'un système ouvert et décentralisé n'implique pas une attitude de laisser-faire de la part de l'État. Bien au contraire, celui-ci doit veiller à ce que l'ensemble aille vers les finalités essentielles, voulues par la collectivité nationale. Il lui incombe également d'encourager et de soutenir les actions des lycées, collèges, IUT et universités, de stimuler la recherche et l'innovation sociale, culturelle ou pédagogique.

Surmonter le mur d'indifférence à l'égard de la formation

Les statistiques le démontrent d'une manière indiscutable : les actions de formation permanente se développent quantitativement, les procédures et les instruments fonctionnent. Il reste cependant beaucoup à faire, mais qui pourrait en être surpris lorsqu'on admet la nouveauté du système mis en place et l'ambition de cette politique ?

Il s'agit, en premier lieu, de surmonter le mur d'indifférence à l'égard de la formation. Pour de nombreux travailleurs, en effet, les motivations se limitent aux perspectives de promotion professionnelle ou à l'exigence de la nécessité : retrouver un emploi. On aurait tort, en se plaçant d'un point de vue exclusivement culturel, de sous-estimer de telles aspirations. En effet, la formation permanente a bien, parmi ses objectifs, celui de permettre à chaque travailleur d'acquérir une certaine indépendance à l'égard de son employeur et une certaine autonomie sur le marché du travail. Avant de vivre mieux ou autrement, il faut d'abord vivre, c'est-à-dire exister matériellement, en tant que travailleur capable de remplir une fonction et de toucher un revenu, exister qualitativement, « en dignité », en se sachant en mesure de travailler, d'apporter sa contribution à la vie collective. Ils sont, chaque année, des centaines de milliers affectés par un changement de plus ou moins grande importance dans leur vie professionnelle et qui peut entraîner soit le licenciement, soit le déclassement, soit la perte de l'estime de ses camarades d'atelier. À tous ceux-là, la formation apporte un moyen de se tirer d'une situation matériellement et psychologiquement difficile.

Et puis, il y a la perspective de promotion professionnelle à ne pas négliger, car c'est un des moyens actuellement à notre portée pour lutter contre l'inégalité des chances. Or il faut reconnaître que, sur ce plan, les résultats sont moins convaincants que sur les plans de la conversion et de l'adaptation. Les progrès quantitatifs demeurent limités depuis trois ans, les perspectives offertes aux ouvriers spécialisés le sont également.

Et pourtant, l'évolution du marché du travail n'était pas, jusqu'à ces derniers mois, défavorable. Mais on sent confusément chez beaucoup le souci de ne pas ouvrir des portes qui ensuite laisseraient passer un formidable courant de mobilité ascensionnelle. Or il n'y aura pas de véritable égalisation des chances sans que soient modifiées les conceptions actuelles de la politique du travail, autrement dit tant que l'on acceptera de cantonner, pendant quarante-cinq ans de leur vie active, les mêmes travailleurs dans les tâches les plus insipides, les plus dangereuses, tant que des castes minoritaires de diplômés pratiqueront un malthusianisme très intéressé, accapareront les recrutements, les filières privilégiées, en un mot les pouvoirs. L'égalisation des chances n'est qu'un slogan trompeur si la société n'accepte pas une mobilité et une fluidité des emplois telles que le plus grand nombre de travailleurs retrouvent l'espoir de changer de travail et de condition.

La formation permanente pour donner le goût d'une vie différente

La formation permanente est là pour leur donner le goût d'une vie différente, d'un travail plus difficile et plus intéressant, d'une promotion. C'est peut-être pour cela que certains la considèrent comme explosive et veulent, par conséquent, en limiter la portée à une sorte d'infirmerie sociale pour travailleurs en mal d'adaptation.

Les mêmes observations valent d'ailleurs pour l'amélioration des conditions de travail. Ce sont deux questions liées. Comment imaginer l'enrichissement ou l'élargissement des tâches et la participation à des équipes autonomes sans une formation adéquate qui vienne accompagner le mouvement propre des travailleurs et leur permette de faire valoir toutes leurs potentialités ? Comment songer à une amélioration des rapports de commandement et des relations hiérarchiques dans l'état actuel de la formation des cadres et des agents de maîtrise ? Apprendre à commander, à comprendre les autres, à susciter le travail d'équipe, telle est la tâche qui s'impose aujourd'hui dans ce domaine. Enfin, peut-on imaginer une participation aux décisions collectives, la cogestion ou l'autogestion, sans un effort d'éducation et de culture qui devrait commencer dès l'école primaire, qui est un apprentissage autant qu'une instruction ?

Si ces évidences ont été rappelées, c'est pour bien situer l'importance de la formation permanente au regard d'une politique du travail dont on parle tant en ce moment, tout en refusant d'en accepter toute la dimension et toutes les exigences.

Permettre à chacun de réussir sa vie de travail, c'est un objectif d'une très grande ambition dont la réalisation ne sera jamais complète et exigera des bouleversements fondamentaux dans la conception de la société, de son modèle de développement, du mode d'accès aux responsabilités, de la diffusion des opportunités et donc du système d'enseignement. La formation permanente est à cet égard non seulement un moyen nécessaire, mais plus encore, dans l'état actuel des choses, un facteur de changement, parce qu'elle ouvre de nouvelles perspectives à chacun, parce qu'elle renforce l'insatisfaction devant sa vie de travail tel qu'elle est. C'est en ce sens que l'on peut parler de dynamique de la formation permanente.

Nous n'en sommes pas encore là, tant est immense le champ à investir. Dans la plupart des cas, la pompe n'est pas amorcée. Hormis, a-t-il été dit, la contrainte du changement ou les perspectives encore trop limitées de promotion, les motivations sont faibles, voire inexistantes. Le contexte y est pour beaucoup : de nombreux travailleurs gardent un mauvais souvenir de leur passage à l'école, ou bien n'ont pas confiance en eux, ou bien ne voient pas l'intérêt matériel ou qualitatif des stages qui leur sont offerts.

Il faut s'arrêter un instant sur ce difficile problème. Il est vrai qu'une société où l'argent est roi, où le matérialisme triomphe, ne prédispose guère à la formation désintéressée. Il est vrai que le processus « métro-boulot-dodo » laisse trop peu de temps… et de forces pour songer à ce « plus » que pourrait apporter une formation complémentaire. Mais enfin personne n'a prétendu, sauf quelques propagandistes zélés ou bien naïfs, que l'éducation permanente serait le « sésame ouvre-toi » de la société socialiste ou de la société nouvelle.

Sortir les participants de leur îlot de préventions, de scepticisme ou de timidité

La notation encourageante nous vient des expériences tentées, ici et là, dans des entreprises ou hors des entreprises, par des enseignants ou par des animateurs de culture populaire, afin de susciter un intérêt, un éveil, une expression des intéressés. Elle nous vient aussi, il faut le dire, des initiatives de responsables – encore trop peu nombreux – d'entreprises qui ouvrent largement les perspectives offertes par la formation permanente et répondent aux besoins exprimés par leurs salariés. Pour lancer ces expériences « ouvertes », il faut des « généralistes » de la formation susceptibles d'écouter, de faire sortir les participants de leur îlot de préventions, de scepticisme ou de timidité. Alors, on assiste à des événements extraordinaires : les travailleurs veulent connaître, mieux comprendre et surtout mieux maîtriser leurs problèmes de vie personnelle, de vie de travail ; ils ont aussi des choses à révéler, à apprendre aux autres. Ils existent, mais jusqu'à présent à un état de réduction ou de réification, refoulant leurs aspirations, étouffant leurs capacités, leurs dons. Quelle meilleure preuve voudrions-nous des situations concrètes d'aliénation dans lesquelles se trouvent des millions de personnes, actives ou non actives !

Comment accélérer le mouvement, jusqu'à présent très limité, pour que la formation permanente contribue à l'épanouissement des personnes et à la conquête d'une véritable autonomie ?

Il convient de le faire, sans pour autant remettre en cause l'ensemble des actions qui, comme on vient de le montrer, ont un intérêt direct pour la vie professionnelle de centaines de milliers de travailleurs. Toute dichotomie simpliste est à bannir. Il n'y a pas d'un côté les actions utilitaristes qui seraient à rejeter parce que ne bénéficiant qu'au chef d'entreprise et d'un autre côté les actions pures, désintéressées qui, seules, devraient être encouragées. De même, on ne doit pas privilégier la culture dite générale aux dépens de la formation strictement professionnelle. Le démenti vient des faits eux-mêmes. De plus en plus, les responsables de formation professionnelle dans les entreprises sont persuadés qu'il ne peut exister une formation technique valable sans un effort parallèle de culture générale qui va de la maîtrise du langage et de l'expression jusqu'à la connaissance proprement dite.

Les obstacles sont ailleurs et ils sont surmontables. En les énonçant d'une manière aussi générale, il ne s'agit pas d'instruire le procès de tel ou tel acteur du jeu, mais bien d'inciter au dépassement de positions encore rigides ou fermées.

Concertation autour du plan de formation

Tout d'abord, de trop nombreuses entreprises feignent d'ignorer l'esprit de la loi de 1971, laquelle vise au développement de l'éducation permanente, au sens large, et non simplement de la formation professionnelle, au sens le plus étroit. Ou bien, habituées qu'elles étaient à un comité d'entreprise réduit à la gestion des œuvres sociales, elles considèrent avec effroi la perspective de débattre, devant ce comité, du plan de formation. Tel est pourtant l'élément de base de toute politique contractuelle. Le plan de formation doit donc être discuté et amendé en fonction de la concertation avec les représentants du personnel. Une part doit être faite aux demandes individuelles non liées aux nécessités de la production ; ces demandes doivent être d'ailleurs suscitées et encouragées. Un bilan des actions entreprises doit être fourni, avec tous les éléments permettant l'appréciation de leur valeur sociale, culturelle et professionnelle...

Il est bon de rappeler à ce sujet que les pouvoirs publics ont communication de tous les comptes rendus des comités d'entreprise. Il serait souhaitable qu'ils se livrent à une étude attentive de ces documents, afin de voir où en est pratiquement le renouveau attendu de ces comités, devant cette tâche concrète qu'est la politique de formation. Et il existe des moyens législatifs ou réglementaires d'inciter ou de contraindre des entreprises à adopter une attitude plus conforme à l'esprit de la loi. Encore faut-il que le gouvernement en ait le désir et la volonté !

L'équité commande cependant d'ajouter que la situation de blocage est parfois le fait de membres du comité d'entreprise qui demeurent fidèles à une attitude de contestation « tous azimuts », fruit d'une histoire sociale marquée par le refus du face-à-face et l'opposition absolue entre patrons et syndicalistes. Les organisations syndicales sont conscientes de ce problème, mais elles sont assaillies par de nombreuses tâches dont certaines, telle la défense de l'emploi, des droits syndicaux et du pouvoir d'achat, ont normalement la priorité sur les autres actions. Toutefois, elles font un gros effort de formation de leurs militants, de telle sorte que ceux-ci soient plus compétents et mieux à même de discuter concrètement d'un plan de formation. Là encore, il faudra du temps.

D'autres obstacles pourraient être levés par les pouvoirs publics. Et c'est bien cela la mission qui leur était impartie dans la stratégie d'ensemble telle qu'elle a été esquissée.

En premier lieu, il s'agit d'aider les établissements publics d'enseignement à jouer pleinement leur rôle en matière d'éducation permanente. Sans ignorer les rigidités qui sont inhérentes au système lui-même, il semble que le ministère de l'Éducation nationale et le secrétariat d'État aux universités devraient poser le problème d'ensemble, apprécier la nature et l'ampleur des difficultés ou des freins et apporter des solutions qui sont parfois financières, parfois techniques ou organisationnelles, parfois statutaires ou réglementaires. On rencontre trop d'enseignants désireux et capables de lancer des actions de formation permanente mais freinés dans leur élan, puis découragés par tant d'inertie bureaucratique ou par la faiblesse des moyens.

La rigidité du fonctionnement des établissements publics est aussi en cause. Très souvent, en effet, il s'agit de répondre très vite à un besoin d'autant plus pressant que le sort de dizaines ou de centaines de travailleurs est en cause. C'est alors que se manifestent la lenteur et l'inadaptation de certaines procédures publiques.

Développer l'éducation permanente en dehors du milieu du travail

En second lieu, il convient de réserver l'argent public aux actions dont l'intérêt social ou culturel est réellement prioritaire : renforcer l'autonomie des travailleurs sur le marché de l'emploi (préparation à l'entrée dans la vie professionnelle, conversion, mobilité volontaire) ; encourager la promotion sociale, développer les actions à dominante de culture générale, encourager les innovations sociales ou pédagogiques. La sélection des financements publics gagnerait à être plus stricte, de telle sorte que l'État garde la maîtrise de l'ensemble du système, l'oriente valablement, l'ouvre le plus largement possible. C'est pourquoi il importe, en troisième lieu, de franchir sans tarder une nouvelle étape, celle qui verra le développement de l'éducation permanente en dehors du milieu du travail et en faveur de tous, actifs et non-actifs.

C'est aux pouvoirs publics qu'il appartient de prendre les initiatives législatives, techniques et financières allant dans cette direction. Les personnes âgées et les femmes sans activité professionnelle doivent pouvoir accéder à la formation permanente. Des initiatives doivent être prises, sur les lieux d'habitat, par les communes et les villes, avec l'aide des établissements publics d'enseignement. Les incitations financières doivent être mises en place.

Ces propositions ne sont pas à interpréter comme une remise en cause du système initial et de la stratégie adoptée. Elles sont plutôt la réponse au développement déjà notable de cette politique et un appel à une action plus vigoureuse des pouvoirs publics. Si ces derniers ne l'entreprennent pas, c'est qu'ils renoncent à l'ambition de la loi de 1971.

Aujourd'hui, l'unanimité se fait largement sur l'idée d'une crise du système éducatif. Il suffit pour s'en convaincre de parcourir les actes des différentes réunions nationales et internationales consacrées à la politique de l'enseignement dans les pays développés comme dans les pays du tiers-monde. Ce qualificatif de crise a d'ailleurs quelque chose d'injuste, car les bienfaits du développement de l'éducation sont culturellement, socialement et économiquement indiscutables. Par ailleurs, si de grandes espérances avaient été mises dans l'impact de ce développement sur la transformation de la société, pourquoi attribuer les échecs exclusivement à l'école ? La conception générale de la société, son système économique sont principalement en cause. C'est pourquoi il paraît plus juste de parler des limites des politiques de l'éducation. Elles sont évidentes par rapport à l'objectif de démocratisation de la société. L'école, telle qu'elle est conçue actuellement, notamment en France, ne s'attaque pas avec suffisamment de force et de pertinence aux obstacles qui se dressent sur la voie de l'égalisation des chances. Autrement dit, il ne suffit pas d'accroître les ressources financières, de prolonger la scolarité, d'ouvrir les portes de l'enseignement supérieur pour réaliser cet objectif de justice.

Par ailleurs, les difficultés quotidiennes de la vie scolaire entraînent une certaine remise en cause des rapports enseignants-enseignés et soulignent le décalage entre les méthodes des uns et les aspirations des autres, compte tenu d'un état de fait, le nouveau contexte dans lequel les enfants font la connaissance de leur environnement et de la vie sociale.

Dans un tout autre domaine, enfin, celui de l'économie, il faut souligner la vanité de toute entreprise tendant à réaliser une adéquation rigoureuse entre les besoins de l'économie et la politique de l'éducation, entre la structure des emplois offerts et les sorties de l'appareil scolaire et universitaire. En effet, deux facteurs d'échec se sont manifestés : d'une part, la liberté de choix des individus, qui peuvent très bien ne pas remplir la fonction pour laquelle ils ont été formés ; d'autre part, l'extrême précarité des prévisions des besoins de main-d'œuvre et la sous-estimation des possibilités effectives de mobilité, à partir d'une formation donnée. Il s'avère en effet, dans la réalité concrète du marché du travail, qu'il existe des correspondances entre métiers, que le passage de l'un à l'autre s'effectue déjà dans de très nombreux cas, que la formation de base doit être repensée en fonction de cette donnée essentielle, l'aptitude à pouvoir remplir plusieurs fonctions, gage d'une plus grande liberté pour le travailleur et d'une plus grande flexibilité pour l'économie.

Face aux limites actuelles du système d'enseignement, l'éducation permanente apporte des éléments indiscutables de solution : une contribution à la lutte contre l'inégalité des chances, un nouveau rapport enseignant-enseigné, une adaptation plus aisée de l'offre et de la demande de travail. Mais les solutions apportées ne sont pas une médecine miraculeuse. Leur mise en œuvre ne dispenserait les responsables ni de réformer la politique de l'enseignement dans son ensemble, ni d'agir sur les autres paramètres de la situation.

Réparer le handicap d'une scolarité déficiente

Ainsi en est-il, en premier lieu, pour la lutte contre l'inégalité des chances. Il est vrai que grâce à la formation permanente, des travailleurs pourront, en nombre croissant, obtenir une deuxième ou une troisième chance dans leur vie professionnelle. Mais encore faut-il, comme cela a déjà été souligné, que la politique du travail soit profondément revue. Sinon, les possibilités seront relativement réduites et pour peu que la « diplomite » s'empare de la formation professionnelle permanente, des effets inverses seraient à craindre : des travailleurs non en situation d'acquérir le parchemin nécessaire perdraient les possibilités de promotion sur le tas, en fonction des aptitudes qu'ils ont révélées dans leur travail.

II est vrai que, grâce à la formation permanente, il sera possible de réparer le handicap d'une scolarité déficiente en matière culturelle, en apprenant à mieux se connaître, à s'exprimer, à posséder des éléments de maîtrise de ses propres affaires... Mais là encore, outre les freins observés dans l'élargissement de la formation permanente aux domaines de la culture générale, rien ne dispensera d'une réforme profonde de l'enseignement obligatoire. Car c'est dès le plus jeune âge qu'il convient de s'attaquer au problème du langage, ce passeport de la réussite scolaire. C'est l'école primaire qui doit être revue en conséquence, c'est le premier cycle de l'enseignement secondaire qui doit être intégré dans cette école fondamentale ou dans cette école de base, ouverte à tous jusqu'à 16 ans. Ces voies ne sont brièvement citées que pour illustrer les propres limites de la politique de l'éducation permanente.

Il en va de même pour les effets attendus en matière de politique de l'emploi. Les conditions nouvelles du marché du travail appellent le développement de l'éducation permanente. Tout d'abord, pour permettre à tous d'accéder à ce marché, d'y agir en tant qu'agent conscient de ses possibilités, de saisir les opportunités offertes. Or tel n'est pas actuellement le cas, quelles que soient la valeur des systèmes d'information, l'importance des aides et la qualité des bureaux de placement, de ceux dont la situation sociale, le niveau culturel et le passé (ou l'absence de passé) professionnel les mettent hors d'état d'entrer dans les dispositifs de la vie de travail : beaucoup de femmes désirant retrouver un emploi après des années passées au foyer, des travailleurs âgés dont les capacités intellectuelles et gestuelles se sont amenuisées au fil des ans, des jeunes sortis dans de mauvaises conditions de l'appareil scolaire. Il s'agit de redonner confiance à tous ceux-là, de les faire « décoller » de leur situation présente... Ensuite pour les travailleurs en pleine activité qui doivent ou qui veulent accéder à un autre emploi, s'adapter à de nouvelles fonctions. Enfin, à tous les travailleurs, sans exception, pour les faire entrer dans le processus complexe d'amélioration des conditions de travail. Certes, le stage de formation n'est ni une condition nécessaire, car des travailleurs ont acquis sur le tas une expérience et une capacité d'intervention qu'il ne faut pas négliger, ni une condition suffisante, car le processus de changement dans le travail partira non de la formation permanente, mais d'une volonté politique de transformation des conditions et des rapports de production. Sans cette volonté, rien de profond ne pourra être réalisé.

Vivre autrement le rapport pédagogique

Mais c'est dans l'évolution du rapport enseignant-enseigné que la formation permanente peut apporter les bouleversements les plus salutaires. En effet, l'éducation des adultes ne peut être qu'une éducation négociée fondée sur les aspirations, les besoins et les virtualités du candidat à la formation, basée sur l'échange et non sur le processus de transmission unilatérale des connaissances ou des manières de faire... Dans la plupart des cas, nous n'en sommes pas encore là, surtout lorsqu'il s'agit de stages d'adaptation à une fonction, les plus nombreux actuellement. Mais les résistances ou les inerties rencontrées chez les intéressés attestent le caractère inéluctable de l'évolution. C'est le rôle dévolu aux généralistes de la formation dont il a déjà été question, c'est la mission des enquêtes préalables auprès du personnel des entreprises ou des administrations pour les familiariser avec les voies et moyens de l'éducation permanente.

Partout où cela a été tenté, le succès a couronné l'initiative. C'est la place faite à la spontanéité, à la réalité psychologique et sociale des travailleurs. C'est la promesse d'une libération des hommes et des femmes insérés jusqu'alors dans une situation de dépendance excessive à l'égard des institutions, enchaînés dans les contraintes matérielles d'une vie de travail, et souvent d'une vie personnelle sans ouverture, sans possibilité d'épanouissement.

Or ne rencontre-t-on pas un phénomène analogue chez de nombreux jeunes à l'école ou à l'université ? Une maturité plus précoce, du fait de l'évolution des mœurs et de l'environnement constitué par la ville et les médias, leur fait repousser le schéma descendant de la transmission des connaissances, le rapport traditionnel entre le maître et l'élève, certains contenus du programme, certaines méthodes de travail. Ils aspirent à s'exprimer, à se tester eux-mêmes, à participer à la vie sociale. Certes, il ne s'agit pas de « jeter l'enfant avec l'eau du bain » et de bannir les exercices qui forment la mémoire, exercent l'esprit, développent le caractère. Une nouvelle pédagogie et une nouvelle organisation sont à rechercher qui favoriseraient la participation de l'élève et de l'étudiant. De ce point de vue, les expériences de formation permanente tentées par les établissements scolaires et universitaires sont de nature, à côté d'autres initiatives, à favoriser les évolutions tant chez les maîtres et professeurs que chez les responsables des institutions scolaires. Car les obstacles sociologiques et psychologiques sont, comme chacun sait, de taille. Vivre autrement le rapport pédagogique, n'est-ce pas le plus sûr moyen d'effacer les préventions et de conduire aux changements d'attitude ?

Au terme de l'évolution, l'institution éducative devrait s'en trouver profondément modifiée. Elle perdrait de son caractère impératif et envahissant, elle devrait abandonner ce modèle unique et imposé à tous qui est une des racines de l'inégalité sociale et du conservatisme. L'école serait « comme un poisson dans l'eau » dans notre société, dialoguant avec le monde et avec les hommes et femmes qui le composent – ces hommes et ces femmes qui auraient alors une démarche libre et volontaire à l'égard de l'éducation devenue l'instrument essentiel et désiré de l'apprentissage de soi et des autres, de la connaissance, du développement humain et culturel.

Une réunification de la personne sur les débris de l'homme en miettes

Soumis à une pression sociale de plus en plus généralisée et qui est le fait des institutions dominantes comme des technostructures gouvernantes, emprisonné dans les mouvements d'une opinion publique devenue une « reine dérisoire » par la grâce des sondages, assoiffé de ce qui lui manque le plus, le temps de vivre, d'aimer, de rêver, de prier, l'homme contemporain est pris au piège de son extraordinaire réussite matérielle.

La remise en cause du modèle de croissance, les spasmes anarchiques de nos sociétés opulentes, le maintien de zones de pauvreté matérielle et morale sont des illustrations, parmi d'autres, de cette crise du monde contemporain.

L'éducation permanente est une chance réelle, et un atout sérieux pour provoquer un début de rupture avec le système en question. En effet, l'éducation négociée, l'échange obligé entre le formateur et le formé ouvrent la porte à la spontanéité, à la culture acquise ailleurs qu'à l'école. Chacun, au surplus, prend conscience de sa situation concrète, de ses conditionnements abusifs, du rôle qu'il pourrait jouer dans les collectivités auxquelles il appartient : l'entreprise, la commune, la famille, le groupe social... À partir de là, peut s'amorcer un processus de réunification de la personne sur les débris de l'homme en miettes, de l'homme écartelé.

Autrement dit, l'essentiel n'est pas d'augmenter la quantité d'éducation offerte. On sait les illusions entretenues par cette idée, on en mesure aujourd'hui les fâcheuses conséquences. Il faut modifier le rapport entre l'homme et l'éducation, briser les canaux qui conduisent à la société méritocratique, changer le rapport pédagogique, élargir les chances de se cultiver, donner l'appétit d'apprendre, de connaître, de communiquer et d'échanger.

L'illusion réformiste menace toujours. Cela est vrai. Elle consiste à croire que par deux ou trois réformes de poids, on va changer la société. Cela est faux. Mais non moins pernicieuse est l'illusion du « tout ou rien » qui consiste à évoquer, comme préalable absolu, le changement de la société. Comme si le rappel incantatoire de cette formule suffisait.

La question demeure : non pas comment changer la société, mais plutôt vers quoi la société doit-elle aller pour répondre à la crise spirituelle et politique qui secoue les sociétés développées ?

N'attendez pas le salut de l'éducation permanente. Mais, à l'inverse, ne négligez aucune possibilité de réveiller l'homme et de lui donner le goût de vivre autrement et de prendre en main son destin.

L'éducation

« Que l'école soit une authentique communauté de vie[1] »

C'est, m'a-t-on dit, la troisième année que la rentrée académique se déroule dans les locaux de l'Unesco. Or c'est sous les auspices de cette organisation internationale et à l'initiative de son directeur général, M. Federico Mayor, qu'une quinzaine de personnalités, venues de tous les continents, ont été amenées à réfléchir ensemble, pendant trois ans, sur les perspectives de l'éducation pour le prochain siècle. Elles l'ont fait, avec le souhait de déclencher partout débat et réflexion. [...] Cette commission s'est heurtée à deux obstacles essentiels. Le premier, c'est la diversité des situations. Je n'ai pas besoin d'insister sur ce point. Cela explique que, parfois, nous n'ayons pas évité le piège des généralités. Car qui énonce des généralités dans ces domaines frôle souvent la banalité. Le second obstacle, c'était d'essayer de considérer le XXIe siècle dans un

1. Discours à la rentrée académique de l'Institut catholique de Paris, Unesco, 19 novembre 1997.

effort de prospective. Nous avons rencontré ce qui est pour moi, et j'y reviendrai puisqu'il a fallu sélectionner pour cette leçon académique quelques repères essentiels, une des difficultés intellectuelles essentielles que l'on rencontre et que le monde d'aujourd'hui a tendance à oublier : qu'est-ce qui est immuable, et qu'est-ce qui est changeant ? Discerner entre l'immuable et le changeant, alors qu'une définition de l'éducation est souvent que celle-ci permet de transmettre aux jeunes générations ce que l'humanité a appris sur elle-même et sur la nature qui l'entoure. C'est donc à un redoutable exercice auquel je vais me livrer devant vous.

Il y a deux autres indications qui montrent le sens de ce travail. D'abord, le titre, inspiré d'une fable de La Fontaine : « L'éducation, un trésor est caché dedans. » Nous avons voulu souligner par là la centralité de l'éducation dans la société, par les ressources qu'elle peut constamment lui procurer, lorsque cette société doit faire face à des défis internes ou externes. Mais aussi nous avons voulu rappeler toutes les richesses que recèle chaque personne dans ce monde, et les possibilités qu'elle doit avoir de les exprimer et de les faire épanouir.

Le deuxième point que je voudrais souligner, c'est pourquoi nous avons choisi l'éducation *tout au long de la vie.* C'est une proposition qui ne vise pas simplement à conseiller le renforcement de l'éducation des adultes ou de la formation des adultes, ou de la formation continue, pour employer le terme français, qui figure dans une loi de 1971 à laquelle je ne suis pas étranger. Plus fondamentalement, il s'avère de plus en plus nécessaire que chacun puisse exercer une sorte de va-et-vient entre l'éducation, conçue dans son sens le plus large, et la vie, y compris bien entendu la vie de travail.

Universalité et pluralisme

Je le répète, c'est sans doute pour moi un des exercices les plus périlleux pour l'intelligence humaine. Dans ce qui est immuable, pour le sujet qui nous intéresse, je sélectionnerai trois formes de tension. Les tensions entre l'universel et le singulier, entre la tradition et la modernité, et entre le spirituel et le matériel. Et si j'avais à caractériser là où porte le changement, je sélectionnerais, puisque l'éducation doit être placée dans son contexte, la grande mutation géopolitique et technologique que nous affrontons, la tension entre le global et le local, et enfin les risques évidents de rupture du lien social, avec une dimension qui est je le sais très contestée : l'individualisme dominant.

L'immuable, tout d'abord. La propension à l'universel, c'est le fondement d'un humanisme ouvert et, face aux ambiguïtés de la mondialisation avec ses promesses et ses risques, cette propension à l'universel nous conduit à ne pas prendre une attitude trop définitive, trop pessimiste, trop angoissée, comme c'est le cas dans beaucoup de pays européens. Ou à l'inverse bien trop euphorique, comme certains adeptes de la pensée dite unique le font. Mais cette propension à l'universel fait partie des devoirs de l'éducation. Le singulier, par opposition à l'universel, c'est plus fondamentalement la réaffirmation du caractère unique de chaque personne, sa vocation à choisir son destin et à faire fructifier ses potentialités. En termes d'éducation, cela implique l'accent mis sur sa propre culture et sur sa propre langue. Il y a, dans le rapport, de nombreuses allusions à ce problème qui dépasse les sciences techniques de l'éducation. Ne faut-il pas que chacun puisse apprendre les fondements, avoir son premier rendez-vous avec l'éducation dans sa propre langue et dans sa propre culture ? Tout cela pour dire que dans cette dialectique entre l'universel et le singulier, il ne peut y avoir de prêt-à-porter de l'éducation, ni la seule référence à l'autorité du maître ou à la chose enseignée. Déjà, de son temps, dans une séance du *quolibet*, saint Thomas d'Aquin disait : « Si nous résolvons les problèmes de la foi par la seule autorité, nous posséderons la vérité mais dans une tête vide. » Or l'éducation échoue toujours lorsque, au sortir du processus, la tête demeure vide ou trop pleine.

En ce qui concerne la tension entre la tradition et la modernité, qui est aujourd'hui un débat essentiel dans la société française comme dans d'autres sociétés, aux prises avec un changement qu'elles craignent ou qu'elles jugent trop rapide, la question est la suivante : s'adapter, certes, mais s'adapter sans se renier, construire sa propre autonomie en dialectique avec l'héritage transmis par l'éducation. Résister à ce mal du monde moderne entretenu par les médias qui serait l'attrait irrésistible de la nouveauté. Il ne s'agit pas ici d'intenter le procès des médias, rassurez-vous, mais de rappeler tout simplement que l'on ne peut pas aujourd'hui être cultivé, affronter l'événement, assumer ses propres responsabilités, dans une société du *fast-food* où, du jour au lendemain, un drame, un événement heureux sont oubliés parce que l'actualité vous entraîne sur d'autres sphères. L'éducation doit lutter contre cette tyrannie du court terme, j'allais presque dire « du jour le jour ».

Et enfin, la tension entre le spirituel et le matériel, sujet délicat surtout dans un pays où très souvent la définition de la laïcité laisse à désirer : ne renoncer sous aucun prétexte à l'entretien d'un pluralisme philosophique et spirituel. Je dis bien, sous aucun prétexte. C'est un combat sans cesse recommencé où sont engagés à la fois l'enseignant, le responsable des programmes, mais aussi toute institution où se forme notre jeunesse. En d'autres termes, la neutralité n'est pas le pluralisme. Le pluralisme est, comme on dirait aujourd'hui, interactif, accepté comme le don de l'échange, la reconnaissance de l'autre et l'idée que nous nous définissons aussi par rapport au type de relation que nous avons avec l'autre. Pour toutes ces raisons, et vous me pardonnerez d'aller vite, la commission a beaucoup mis l'accent – et elle le doit, entre parenthèses, à la contribution de M. René Rémond – sur l'histoire et, pour faire écho à ce que je viens de dire, sur l'histoire des religions. Comment comprendre le monde, comment apprendre à vivre ensemble, j'y reviendrai, si l'histoire des religions n'est pas enseignée comme un élément essentiel du patrimoine de l'humanité et une des clés d'entrée dans la compréhension du monde.

Le changeant, aussi, est là, qui nous interpelle. D'où cette éternelle bataille entre l'immuable et le changeant. Tout d'abord, la grande mutation géopolitique et technologique, et là je parle notamment des pays européens. Le développement des échanges économiques et de libre-échange, l'émergence de nouveaux compétiteurs, la multiplication des problèmes qui surpassent les frontières comme l'environnement, ou les différentes formes de criminalité internationale. Et, je le souligne, car il s'agit en fait d'une profonde rupture avec les quarante ans que nous avons vécus, un déséquilibre croissant entre les forces du capital et les forces du travail, lesquelles, vous le savez, dans la seconde révolution industrielle s'étaient organisées pour dialoguer, discuter et négocier sur un pied d'égalité.

Organisation du travail

Un autre élément doit être noté, même s'il dépasse mon sujet d'aujourd'hui : la montée d'autres idéologies fondées sur le rejet de l'autre, ou l'ignorance de ce qu'il est réellement. Les pays européens sont radicalement défiés par cette grande mutation, pas simplement en termes politiques, en termes de gouvernance, mais aussi dans la vie de chacun, dans sa vie de travail comme dans sa vie personnelle. Et je voudrais aujourd'hui insister, puisqu'on a reproché à notre rapport de ne pas faire une liaison assez étroite entre l'éducation et l'économie, entre l'éducation et le travail, je voudrais quand même insister sur certains aspects économiques et sociaux en isolant certaines incidences du progrès technique.

Il y en a trois qui me paraissent extrêmement importantes pour comprendre l'évolution en cours. Tout d'abord, le changement dans l'organisation du travail. Ce que j'appellerais le taylorisme à l'envers, les grandes usines avec chacun fixé dans sa tâche, immortalisées par *Les Temps modernes* de Charlie Chaplin, ce type d'organisation est en voie de disparition. Il ne s'agit même plus du *just in time* japonais, non, il s'agit d'une organisation du travail où chacun à la fois porte sa contribution technique ou intellectuelle et doit lui-même contrôler la qualité de cette contribution. Deuxième conséquence, peut-être la plus grave, jamais assez soulignée : le progrès technique, de l'avis de tous les conservateurs, met en cause ce que l'on appelle le travail non qualifié. Et c'est sans doute là la source essentielle des phénomènes d'exclusion. Car celui qui, aujourd'hui, à 40-50 ans, accomplissant depuis vingt ou trente ans la même tâche, est absolument déstabilisé par les exigences des nouvelles formes de travail, ou bien par la disparition de certaines activités, ou bien fréquemment par le remplacement de l'homme par la machine. Et enfin, troisième élément de ce progrès technique, mais on aurait pu l'observer déjà il y a vingt ou trente ans, c'est la nécessaire prise en compte du temps comme une variable essentielle de la réflexion sociale, économique mais aussi politique. Songez que les pays européens ont multiplié, ces quarante dernières années, par trois leur production, avec une quantité de travail inférieure de 30 % à ce qu'elle était au lendemain de la guerre. Ou bien, si vous voulez un autre exemple, une personne qui avait la chance de travailler toute sa vie en 1945 consacrait 100 000 heures au travail dans sa vie. Aujourd'hui, elle n'y consacre plus que 70 000 heures, et sans doute 50 000 heures dans vingt ans. Cette notion du temps bouleverse beaucoup de choses et même l'appréhension qu'en a chacun. Avec cette évolution, est bouleversée la séquence en trois phrases : le temps pour étudier, le temps pour travailler, le temps pour jouir de sa retraite. Il faudra constamment maintenant songer au travail ou à l'activité, ce qui n'est pas la même chose, à l'éducation et aux autres activités humaines bien entendu.

Ces trois constats illustrent fondamentalement les responsabilités du système éducatif, mais pas dans une vue étroite qui consisterait à faire la relation entre le contenu de l'éducation et un travail. Bien plus, et c'est la justification des quatre piliers que je présenterai dans un instant, il s'agit d'armer chacun pour qu'il puisse à la fois affronter cette société dans laquelle le travail garde son rôle central, même s'il est plus rare, et dans lequel il faut constamment faire face aux aléas, aux changements, aux imprévus.

Deuxième nouveauté, me semble-t-il, la tension entre le global et le local. La mondialisation en marche, n'hésitons pas à le dire, donne le vertige à nos contemporains. On constate, et vous excuserez la brutalité du propos, que les responsables politiques, économiques, syndicaux pensent de plus en plus « global », alors que les citoyens pensent « local ». Et c'est une des raisons, pas la seule, du mal vivre de nos démocraties. Et je suis comme hanté par cette idée de combler la distance qui se fait croissante entre ceux qui gouvernent et ceux qui exécutent.

Individualisme et rupture du lien social

Et enfin, troisième élément de changement, les risques de rupture du lien social et l'individualisme dominant. Je ne vais pas entrer dans une discussion philosophique sur l'individualisme. Certains prétendent que c'est une analyse fausse, que l'individualisme a toujours été là. Pour moi, il me semble que non, puisque si l'on se réfère à des pensées influentes de notre temps, la pensée de Hayek notamment, qui a eu beaucoup d'influence sur les politiques américaine et anglaise, on constate que ce n'est pas une vaine querelle. J'ai déjà souligné les causes économiques et technologiques de la rupture du lien social, mais elles n'expliquent pas tout. Les modes de vie, l'accès de beaucoup de femmes au travail – ce qui est bien en soi –, l'urbanisation, tout cela est à prendre en considération. Et donc un grand vide est à combler pour jeter les bases d'une nouvelle relation entre la personne, d'un côté, et les communautés d'appartenance de l'autre. Je dis bien les communautés d'appartenance, et je ne veux pas me lancer dans la discussion – surtout compte tenu de l'allergie de beaucoup de Français – sur le communautarisme. Laissons cela pour les leçons de vos éminents professeurs.

Bien sûr, en parlant des risques de rupture du lien social, je parle aussi des risques de dilution du sentiment d'appartenance, ce qui est préoccupant pour la nation tout d'abord, mais aussi pour les collectivités de base. Mais cette tendance au repli sur soi, diront certains, n'est pas d'aujourd'hui. On en retrouve le constat chez Benjamin Constant : « Presque toutes les jouissances des modernes sont dans leur existence privée, l'immense majorité toujours exclue du pouvoir n'attache nécessairement qu'un intérêt très passager à son existence politique. » Avais-je donc raison de placer cette observation dans le changeant ? La question demeure ouverte.

Les quatre piliers de l'éducation

Pour tenter de fournir aux jeunes générations, et aux moins jeunes, les éléments qui leur permettront d'affronter l'immuable et le changeant, nous avons proposé de faire reposer l'éducation sur quatre piliers : apprendre à connaître, apprendre à faire, apprendre à vivre ensemble et apprendre à être. Et en demandant que ces piliers soient indissociables, en refusant malgré la pression ambiante qui était très forte, en dépit des critiques, en refusant de privilégier le lien entre éducation et marché du travail. En étant convaincu que seule une vue beaucoup plus large de l'éducation fournira à chacun à la fois les moyens de valoriser de lui-même ses propres richesses et en même temps d'affronter le XXIe siècle.

Apprendre à connaître, c'est assez simple. L'acquisition d'un corps de connaissances, mais aussi la soif de connaître, apprendre à apprendre tout au long de la vie, sortir de l'éducation de base qui est fondamentale même dans les pays riches, sortir de l'éducation de base avec la curiosité chevillée au corps, le désir de mieux se comprendre soi-même.

Apprendre à faire, ou comment appliquer les méthodes et connaissances apprises, dans le cadre d'un ensemble de compétences. Je dis bien de compétences et non de qualifications, la compétence étant une notion plus large avec un contenu qui parfois paraît très loin des activités professionnelles mais qui est indispensable pour maîtriser les changements professionnels de toute nature. Il ne s'agit pas de tout miser sur la société cognitive, même si le rôle de la science est si important. Car, à l'époque où la philosophie des Lumières est un peu contestée, je ne voudrais pas centrer pour ma part un système éducatif uniquement sur la science.

Apprendre à vivre ensemble, pour aller au-delà de l'apprentissage nécessaire de la tolérance. Ce qui est en cause c'est le climat dans l'établissement scolaire, la relation entre l'école et les communautés qui l'environnent. Ce qui importe, c'est la place de disciplines fondamentales comme l'histoire, la géographie, la philosophie.

Et enfin apprendre à être, ce qui figurait déjà dans le rapport de la commission que présidait Edgar Faure, et qui a été publié il y a vingt-cinq ans. C'est le plein développement du potentiel créatif de chaque individu dans toute sa diversité et dans toute sa complexité. L'égalité des chances doit donc être réellement la priorité. Ce qui veut dire qu'au départ personne n'est condamné, personne n'est clivé dès l'âge de 10 ou 12 ans dans une catégorie : l'éducation est là comme *recours*, et ce tout au long de la vie.

Savoirs primordiaux

Si vous acceptez ces quatre piliers, alors vous avez réellement – et j'en reviens à ce que je disais à propos du changeant –, vous avez littéralement une approche qui s'inscrit en faux contre la spécialisation des espaces, comme le savoir réservé à l'école, le savoir-faire à l'entreprise, le savoir être dans l'espace privé, le savoir vivre ensemble dans l'espace public. Cette séparation est condamnée, me semble-t-il, si nous voulons aller vers une société plus ouverte et plus libre. Il importe donc de préciser la place particulière de l'école dans ce double processus complexe de développement de la personnalité et, bien entendu, je ne l'oublie pas, rassurez-vous, de la préparation à la vie professionnelle. D'où l'importance de l'éducation de base, y compris dans les pays développés. L'Unesco fait un grand effort pour développer l'éducation de base dans les pays pauvres. Il y a encore beaucoup trop d'analphabètes, beaucoup trop d'enfants qui ne suivent pas l'école élémentaire. Mais, même dans les pays dits avancés, l'éducation de base est importante pour nos jeunes, dès l'âge de 6 ans, de façon qu'ils puissent vraiment toucher les dividendes d'une éducation complète, fondée sur les quatre piliers. Cette conception implique aussi la restauration des savoirs primordiaux pour mieux affronter mutations et changements. L'école ne peut donc être considérée uniquement comme un système de diffusion généralisée des informations ou des connaissances à côté des médias ou comme un système de préparation directe à l'emploi. Je crois, et j'espère vous l'avoir démontré, que l'avenir exige davantage. Mais précisément c'est cette notion d'éducation tout au long de la vie, qui est pour l'instant une utopie en marche, dont je voudrais vous entretenir un peu plus, en mettant comme le Petit Poucet quelques cailloux blancs sur le chemin qui doit y mener.

Vers l'éducation tout au long de la vie

Réfléchissons tout d'abord sur l'homme et la machine. Le progrès technique, dont j'ai parlé, fascine toujours autant malgré les nombreuses désillusions du progrès. Le cœur du problème se situe aujourd'hui dans les nouvelles technologies de l'information dont nous avons souligné l'importance sans être écoutés des dirigeants européens, qui ont sous-estimé la radicalité de cette transformation. Songez que ce domaine des nouvelles technologies de l'information a vu leur chiffre d'affaires augmenter de 60 % depuis le début des années 1990 aux États-Unis. Il faut étudier, ce n'est pas encore assez fait, les conséquences de ces nouvelles technologies sur les structures de production, la place de l'homme dans la production de demain, l'organisation du travail et aussi l'impact sur le monde des loisirs et de la culture. Je n'ai pas l'intention aujourd'hui, la commission n'en avait pas les moyens, d'étudier toutes les potentialités et tous les risques inhérents à ces nouvelles technologies. Il n'y a pas encore d'évaluation systématique, ce qui est bien dommage. Mais si je devais y faire référence aujourd'hui, alors que le président des États-Unis a fait dans sa campagne électorale, et M. Tony Blair aussi, de la diffusion des ordinateurs dans les écoles une sorte de remède miracle pour remédier aux faiblesses de leurs systèmes éducatifs, je vous dirais que s'il faut de bons logiciels, et de bons ordinateurs dans nos établissements scolaires, le maître demeure malgré tout indispensable. Peut-être que le maître ne sera pas comme je suis aujourd'hui en face de vous, il sera assis à côté des élèves, il verra la leçon inaugurale d'un grand professeur, mais il sera là, car s'il n'y a plus cette relation vivante entre l'enseignant et l'enseigné qui permet à l'enseigné de se construire en écoutant l'enseignant, alors l'éducation perd de sa raison d'être.

Mais pour qu'il en soit ainsi, il faut que la société s'intéresse davantage au système éducatif. [...] L'école et la société sont intimement liées. On pourrait dire que l'école est un peu le reflet de la société, et qu'à l'inverse la société est un peu le reflet de l'école. C'est pourquoi, me semble-t-il, dans un effort de décentralisation et pour repenser la place des institutions dans la société, il importe que l'école soit partout une authentique communauté de vie, une pièce de sociabilité. C'est ainsi que dans certains pays européens, la population d'un quartier s'intéresse à l'école, vient deux à trois fois par an discuter avec les parents et les enseignants de l'avenir de l'école.

Diversification des parcours

L'autre élément important pour aller vers cette éducation tout au long de la vie, c'est de maintenir la finalité de l'égalité des chances. Et j'en parle au-delà de la querelle que je ne veux pas rouvrir ici entre l'inné et l'acquis. Vous me pardonnerez de ne pas m'appesantir sur cette irritante polémique. D'ailleurs, les scientifiques américains viennent d'apporter de nouveaux éléments. Mais devant les problèmes posés par la massification de l'enseignement secondaire, puis de l'enseignement supérieur, certains lancent un cri d'alarme et posent la question : peut-on concilier l'égalité et la qualité ? Notre commission s'est penchée sur cette question. Et je peux vous dire que dans les diverses expériences européennes et même aux États-Unis et au Canada, où les systèmes sont très différents, on a une certaine admiration pour un des aspects du système français : sa capacité à dégager des élites. Par conséquent je ne crois pas utile de se placer dans une position dichotomique entre égalité et qualité. La principale question est ailleurs : elle concerne la diversité nécessaire des itinéraires des adolescents. Et c'est là où, me semble-t-il, la diversification des parcours, notamment dans l'enseignement secondaire, est essentielle pour tenir compte de la maturité différente des esprits, du lieu où l'on vit, de l'inégalité sociale et autre. Mon expérience, en tant que père de la loi de 1971 sur la formation permanente, est que beaucoup d'enfants, de jeunes gens ne connaissent rien de la vie professionnelle, ni de la vie tout court. Dans les études faites au cours des années 1970, on notait que c'était seulement après le service militaire que les garçons avaient une idée approximative de la vie économique et des métiers. Avant, plus leur niveau d'instruction était faible, plus ils avaient en ce qui concerne leur devenir professionnel des vues complètement irréalistes. C'est la raison pour laquelle je plaide en faveur d'une alternance entre l'école et l'expérience professionnelle et sociale.

Toujours dans la même ligne, nous avons proposé l'instauration d'un chèque-éducation, permettant à ceux qui quittent l'école d'une manière précoce, entre 16 et 18 ans, d'avoir un crédit-temps et un crédit d'argent pour retourner plus tard à l'école ou à l'université. Et, revenant ainsi à l'égalité des chances, je m'inscris en faux, pour parler net, contre ceux qui croient que la prolongation des études pour le plus grand nombre est un facteur positif pour lutter contre les inégalités.

Cela ne suffit pas. Le contenu de l'éducation, sa conception, la possibilité de retourner à l'école tout au long de la vie sont aussi importants. De même, l'éducation tout au long de la vie, ce n'est pas simplement le renforcement des possibilités de formation des adultes. Bien sûr, vous connaissez tous l'histoire de l'éducation des adultes, même si notre histoire est moins riche que celle de la Suède, par exemple. Mais les filières de l'éducation populaire, qui connut ses heures de gloire avant et après la guerre, le développement de la formation professionnelle des adultes, la prise en considération de tous les aspects de l'éducation informelle ou non formelle, tous ces éléments ne suffisent pas à constituer les fondements de l'éducation tout au long de la vie, il faut quand même un minimum de corpus et un cadre institutionnel. La question est désormais posée : comment passer à une éducation tout au long de la vie, c'est-à-dire à un système éducatif central garantissant l'accès de tous et assurant la participation des autres acteurs : entreprises, syndicats, associations ? Car il y a danger : la formule de l'éducation tout au long de la vie est actuellement très utilisée, avec beaucoup de confusion, dans les milieux de l'entreprise, on parle de formation tout au long de la vie. L'Éducation nationale s'est ouverte si peu à la formation des adultes et non comme je l'espérais après la loi de 1971. Et ce qui est en cause, je le répète, c'est d'instituer, petit à petit, une conception qui permette à l'école d'être ouverte, aussi bien pour celui qui a 6 ans que pour celui ou celle qui en a 40 ou 80.

Seule l'éducation tout au long de la vie est la réponse aux changements que j'ai indiqués, seule elle peut permettre de poursuivre la longue et dure bataille pour l'égalité des chances. Il s'agit en quelque sorte d'une utopie à la recherche de ses acteurs et de ses applications concrètes et on ne peut pas en trouver, me semble-t-il, une meilleure justification que dans ces remarques de Cornelius Castoriadis[1], dans un livre connoté avec l'esprit de cette conférence, puisqu'il s'appelait *La Montée de l'insignifiance*. Il dit : « La centralité de l'éducation dans une société démocratique est indiscutable, en un sens, on peut dire qu'une société démocratique est une immense institution d'éducation et d'auto-éducation permanente de ses citoyens, et qu'elle ne pourrait vivre sans cela. »

1. Philosophe et sociologue français d'origine grecque (1922-1997).

Mobilité des jeunes et culture

« Faire l'Europe du libre-échange intellectuel[1] »

Les pays de notre Communauté européenne se trouvent engagés dans une grande révolution tranquille : oui, l'Europe s'est remise en mouvement. Certains visionnaires jugeront ce mouvement incomplet et trop lent, mais je voudrais dire ici que pour assurer la relance de l'Europe, la Commission européenne n'avait pas le choix. Je me souviens de nos interrogations en arrivant à sa présidence en janvier 1985. Fallait-il se lancer dans une réforme institutionnelle et politique, fallait-il proposer, comme objectif prioritaire, l'unification monétaire, mobiliser les Européens sur leur sécurité et leur défense ? Assurément, à l'époque, les trois voies n'étaient pas praticables, pour de multiples raisons.

Nous avons alors choisi – selon les principes chers à Jean Monnet – de désigner un objectif mobilisateur et de fixer un calendrier pour le réaliser. Cet objectif, le marché unique, avait le soutien des partenaires économiques et sociaux,

1. Intervention à la Sorbonne, Paris, 2 mars 1988.

des universitaires et des chercheurs. Ce que l'on a appelé depuis l'« Objectif 1992 » représentait ainsi le premier mouvement de notre relance. Le second fut la conclusion de l'Acte unique européen six mois plus tard. [...]

Ce serait un contresens regrettable que de ne retenir de l'Objectif 1992 que la dimension strictement économique. [...] Au-delà d'un marché unique, c'est bien d'un espace commun aux citoyens d'Europe qu'il s'agit de construire. Voilà un projet objectivement révolutionnaire, sans précédent historique. Voilà une entreprise passionnante au moment où les grands prêtres de l'éphémère et du signe essaient de nous démontrer qu'il n'y a plus de grande cause qui mérite notre engagement.

Cette entreprise réunit un large consensus. On glose parfois sur la coupure qui existerait entre le monde des enseignants, des chercheurs, d'une part, et la société civile ou la société politique, d'autre part. Or je puis vous le dire, nos supporters les plus efficaces dans cette tentative de relance de l'Europe ont été les acteurs économiques et sociaux, les enseignants et les universitaires, alors même que certains hommes politiques multipliaient les préalables et les obstacles.

Je me souviens qu'au Conseil européen de Londres – en décembre 1986 –, intervenant pour demander aux chefs de gouvernement les plus récalcitrants de reconsidérer leur opposition au programme Erasmus, j'avais sous les yeux un télex envoyé par quarante doyens de facultés d'Europe apportant un soutien puissant et chaleureux aux propositions de la Commission européenne. J'avais été frappé par le caractère imposant et rapide de cette mobilisation qui confirmait que le monde universitaire s'était lancé de plain-pied avec nous dans l'aventure. Des groupes d'étudiants, eux aussi, se sont manifestés auprès de leurs gouvernements respectifs.

Les raisons en sont sans doute multiples : l'ouverture des jeunes sur le monde – l'Europe est un peu leur province dans ce monde de plus en plus proche et interdépendant –, le mouvement irrésistible d'accès à la connaissance, la vocation universelle de la culture universitaire. Des thèses savantes ont été produites sur ce phénomène, mais je me dois simplement de souligner ici le dynamisme propre du système éducatif, de ceux qui l'assument quotidiennement, et vous dire les contours de cette Europe du libre-échange intellectuel que nous bâtissons ensemble.

L'Europe du libre-échange intellectuel

Je voudrais pour commencer faire une projection. Prenons un jeune Européen, un Allemand par exemple. Johannes a 17 ans quand il s'inscrit à l'université de Heidelberg en licence d'art et lettres, il part poursuivre une partie de ses études à Louvain, puis à Paris où il deviendra enseignant. Nous avons là un exemple en raccourci de ce que représentera l'Europe du libre-échange intellectuel et des dispositions qui existeront pour assurer libre circulation, équivalence des diplômes, coopération universitaire, accès à certains emplois publics des autres pays. Des mesures hors de notre portée ? Bien sûr que non. Johannes, dont je vous parlais, s'appelait Johannes Heynlin (Helin), il était né dans le diocèse de Spire. Après des études à Heidelberg, à Leipzig et à Louvain, il avait obtenu sa licence à Paris et était devenu membre de la Sorbonne en 1461. Un exemple parmi d'autres des échanges intellectuels, de la mobilité dans l'Europe de la fin du Moyen Âge. Ne pourrions-nous pas retrouver cet élan et cet universalisme qui ont fait la richesse de la pensée et de la civilisation européennes ? Aurions-nous plus de difficultés aujourd'hui pour établir ces principes de base, à l'ère de la révolution de l'information et des transports, alors que nos économies sont étroitement reliées et que nous avons – que nous le voulions ou non – la même communauté de destin ?

[...] Je voudrais insister sur quatre points d'ancrage, prélude, je l'espère, à la création d'un espace éducatif commun. Je commencerai par l'équivalence des diplômes et des qualifications. Les programmes communautaires comme Erasmus et Comett[1] concourent de façon pragmatique à cet objectif. Mais il faut désormais aller plus vite et plus loin. C'est ce que nous proposons avec la reconnaissance mutuelle des diplômes, une approche nouvelle qui rompt avec l'ancienne méthode d'harmonisation profession par profession et avec laquelle nous avions mis dix-sept ans à nous accorder sur le seul diplôme d'architecte. Ces délais ne sont plus tolérables, c'est pourquoi le projet de directive de la Commission prévoit la mise en œuvre d'un système global de reconnaissance par lequel l'étudiant possédant un diplôme d'enseignement supérieur obtenu au terme d'une formation de trois ans et l'habilitant à exercer une activité dans son État d'origine pourrait exercer cette activité partout dans la Communauté. Les chefs d'État et de gouvernement ont souhaité que ce système soit adopté en 1988. C'est aussi notre objectif.

Le second pas représente également une innovation considérable. Il s'agit d'ouvrir à tous les ressortissants de la Communauté certains emplois publics jusqu'à présent réservés aux seuls nationaux. Je le précise, il ne s'agit pas de mettre en cause les prérogatives nationales – que nous respectons –,

1. Programme européen pour l'éducation et la formation dans le domaine des technologies, commencé en 1997 et encourageant la coopération entre universités et entreprises.

mais de faire le lien entre cette ouverture prévue par le traité de Rome et les domaines où existent et se développent des politiques communautaires : c'est le cas de l'enseignement et de la recherche civile. Ainsi, un professeur français pourra enseigner les mathématiques ou le français à Londres ou à Rome. Un chercheur français pourra participer aux programmes de recherche de l'Allemagne fédérale ou des Pays-Bas. Bien entendu, la réciproque sera vraie.

Que tout jeune Européen puisse parler deux langues européennes

La troisième initiative à prendre concerne la communication entre les Européens : pouvoir se parler et se comprendre. Or, à cet égard, l'Europe est une véritable tour de Babel avec ses neuf langues officielles et sa quarantaine de langues régionales. Cette diversité est source de richesse, mais cette richesse ne peut évidemment s'apprécier que si une communication s'établit. Ainsi nous devrions nous fixer comme objectif que tout jeune Européen puisse parler au moins deux langues européennes. Cela se fait déjà dans certains pays. C'est un objectif à notre portée. Ce serait pour les jeunes Français un atout de plus pour réussir leur vie et contribuer à la réalisation d'un grand dessein européen.

Enfin, il conviendrait de mieux mettre au service des besoins nouveaux de formation et d'échange, les formidables progrès réalisés dans les technologies de l'information et des télécommunications. Il existe en effet un large éventail d'outils technologiques nouveaux qui pourraient transformer sensiblement les conditions d'apprentissage et de formation. La Commission a mis sur pied le programme Delta, qui innove en matière d'outils éducatifs en utilisant toutes les possibilités nouvelles de la technologie. Ainsi seraient facilités les échanges, ainsi la connaissance et la formation pourraient aller, partout, à la rencontre des citoyens européens.

Je rappellerai au préalable que le traité de Rome ne donne pas pleine compétence à la Communauté européenne dans le domaine de l'éducation. Il lui reconnaît cependant un rôle en matière de formation professionnelle, et c'est sur cette base que la Commission a pu développer de nombreuses actions, à travers le Fonds social européen, et qu'elle a pu lancer les programmes Comett et Erasmus. Nous répondions aussi à une forte demande de la part des enseignants et des étudiants. Une demande d'Europe proche et concrète, de cette Europe que l'on appelle l'Europe des citoyens. Non pas pour l'opposer aux autres initiatives mais bien pour souligner que la finalité de nos efforts, c'est non seulement la prospérité économique mais aussi la promotion des valeurs démocratiques et donc du citoyen. En abolissant les frontières entre nous, en encourageant la coopération entre les Européens, nous obtiendrons un dynamisme économique plus fort et davantage d'emplois, nous renforcerons aussi le sentiment d'appartenance des citoyens au même ensemble. Tout cela s'inscrit dans le même mouvement que nous essayons d'encourager.

L'accès de chaque Européen à la formation permanente

Dans les prochaines semaines, j'ai l'intention de poser le problème global de la formation aux interlocuteurs sociaux dans le cadre du dialogue social européen que j'ai relancé en 1985.

Il s'agirait de faire reconnaître, au niveau de la Communauté européenne, qu'il n'est plus possible de dissocier formation initiale et formation continue, que le besoin d'éducation se manifeste tout au long de la vie, que les moyens doivent être donnés à chacun de comprendre le monde et d'agir. En quelque sorte, la possibilité d'accès de chaque Européen à la formation permanente.

C'est pourquoi, dans le cadre des programmes Comett et Erasmus et dans ceux qui suivront et qui concerneront les autres jeunes, les autres jeunes travailleurs, la rencontre entre étudiants, enseignants, chefs d'entreprise, l'échange d'expériences tiennent et tiendront une place centrale et joueront un rôle essentiel pour l'avenir du système éducatif. Cette évolution souhaitable du système éducatif, je voudrais l'évoquer rapidement autour de quatre questions clés :

• La première concerne l'égalité des chances. Oui, je persiste à considérer que l'égalité des chances doit être une des finalités essentielles de la politique de l'éducation, qui doit davantage prendre en compte la diversité des talents, se concentrer sur l'élève et sur son parcours au lieu de privilégier la discipline enseignée. On ne peut tout demander au système éducatif, mais on ne peut non plus admettre que des jeunes quittent l'école sans disposer des outils élémentaires pour se diriger dans la vie, pour mieux se comprendre eux-mêmes, pour dialoguer avec les autres, pour devenir des citoyens à part entière, en d'autres termes pour combiner savoir et savoir-faire.

• La seconde question clé porte sur les relations entre le système éducatif et le système productif. Le dialogue et le projet communs entre universités et entreprises que permet le programme Comett est un bon exemple d'un type de relation enrichissant. Au-delà et pour favoriser l'employabilité des jeunes, il faudrait aussi pouvoir bénéficier d'un système éducatif évoluant plus naturellement dans l'espace et dans le temps. Dans l'espace avec ces partenaires que sont les entreprises, les centres de recherche, les institutions. Dans le temps, en supprimant la césure entre éducation de base et formation ultérieure. Il existe aussi chez nos voisins européens des systèmes qui permettent de concilier la connaissance et le métier, qui impliquent dans un même parcours éducatif ceux qui seront les ouvriers qualifiés et les ingénieurs de demain. Et c'est une chance pour la société, comme pour l'efficacité de l'entreprise, que ces différents acteurs puissent se connaître très tôt, s'apprécier et apprendre à travailler ensemble.

La reconnaissance de l'enseignant dans la société

• Troisième idée : un système éducatif ouvert et pleinement partenaire des autres acteurs de la vie économique et de la société, car le système éducatif demeure le canal privilégié de la transmission des connaissances et ce rôle ne doit pas lui être contesté. Mais l'enseignant lui-même ne peut exercer pleinement ses fonctions que s'il se sent reconnu dans la société.

Certes, les canaux de diffusion de la connaissance se sont multipliés sous l'effet des moyens modernes de communication. Mais le système éducatif doit être, demain comme hier, le lien où l'humanité récapitule ce qu'elle a appris sur elle-même. Et quelle aventure !

Comment ne pas souligner au passage cette constante diversité qui fait et fera la richesse de la société européenne ? Les politiques que nous mettons en œuvre visent aussi à donner aux enseignants la chance d'une démarche plus collégiale au sein du système éducatif en relation permanente avec la société. C'est là une tâche urgente ; car, si on ne peut prétendre résoudre la question du chômage par la seule réforme du système éducatif, nous savons que nous ne la résoudrons pas sans cette réforme et l'active participation des enseignants.

Toutes ces réflexions, toutes ces initiatives seraient vaines si tous ceux qui font la richesse de la création intellectuelle ou artistique ne pouvaient tirer du patrimoine de l'Europe ce qu'il a de meilleur, se trouvaient handicapés par une communication défaillante.

Aussi est-il vital que l'Europe ait la maîtrise de ses moyens d'expression. C'est une formidable bataille qui commence et dont les enseignants doivent comprendre les enjeux pour aider ceux qui veulent traduire en termes concrets la personnalité de notre Europe.

Projet éducatif, projet culturel

• C'est pourquoi je ne voudrais pas terminer mon exposé sans soulever cette question clé : projet éducatif et projet culturel. Comment ne pas être inquiet du devenir de la culture européenne lorsque l'on constate que ses réseaux d'expression s'en détournent ? Si l'on considère cet instrument privilégié de communication qu'est la télévision, le bilan que l'on peut dresser en la matière est inquiétant : plus de 70 % des émissions de fiction (films ou séries) programmés par les télévisions européennes sont importées de pays extérieurs à la Communauté, oui, 70 %.

Nous avons lancé des actions de coopération entre professionnels de ce secteur, proposé une directive « télévision sans frontières » qui encouragera la production européenne. Mais il faut maintenant passer la vitesse supérieure. Il y va de la défense et du rayonnement de nos valeurs et de notre identité, de l'avenir de tous nos créateurs.

Le projet éducatif doit s'inscrire tout naturellement dans ce projet culturel autour duquel s'unissent aujourd'hui comme jamais l'immense majorité des Européens. Ce projet ne s'organise-t-il pas autour de ces deux piliers qui nous sont si chers : la démocratie pluraliste et l'expression de la personnalité européenne, dans la diversité de ses apports ?

Dans son dernier ouvrage, Edgar Morin écrit : « La démocratie est un produit utile et fragile des nations européennes. Elle correspond à l'essence biologique de la culture européenne qui complémentarise des propositions entre forces antagonistes, la démocratie dépend alors d'une ère riche et complexe. »

Faisons ensemble le pari sur notre Europe, sa dimension, la variété de ses ressources et de ses talents, le dialogue qu'elle suscitera entre les Européens et le reste du monde. La réussite de ce grand dessein, l'un des plus stimulants qui s'offre à notre jeunesse, cette réussite – soyons-en persuadés – ne dépend que de nous.

Modèle économique et social

« Notre État providence est un panier percé aux dépens des plus démunis[1] »

Pour ces quelques propos, je partirai de l'Objectif 1992 parce qu'il me semble que nul ne conteste qu'il fut le moteur et en même temps le symbole de la relance de la construction européenne. Quelles étaient ses promesses ? Quelles sont aujourd'hui ses réalités ? Quel est le bilan que l'on peut en faire ? Quelles leçons peut-on en tirer ? Et j'en viendrai ainsi tout naturellement à ce qui reste pour moi, n'en déplaise à certains, le fondement de la citoyenneté et d'un sentiment d'appartenance : le modèle européen de société.

Pour l'Objectif 1992, je dirai d'une manière lapidaire que nous avons réalisé un saut qualitatif mais un saut insuffisant. Dans les moments difficiles, il ne faut jamais oublier l'aspect positif des choses. Ayons en effet un peu de mémoire. Où en était l'économie européenne au début de la décennie 1980 ?

---

1. Intervention devant le Comité économique et social européen, Bruxelles, 27 septembre 1993.

Que disait-on de nous ? Il y avait un mot pour nous caractériser, c'était l'« eurosclérose ». C'est à ce moment-là que fut lancé l'Objectif 1992 dans une hantise que je partageais avec certains responsables politiques, patronaux et syndicaux. Étions-nous encore capables de survivre ou bien étions-nous comme d'autres civilisations, comme d'autres continents en d'autres temps, condamnés au déclin ? Les résultats économiques, vous les connaissez. Le mot « eurosclérose » a disparu pendant cinq ou six ans du vocabulaire. Je ne vous rappellerai pas ici les chiffres de la croissance, des investissements et des emplois, le renforcement de notre appareil de production. Mais il faut bien s'interroger : sans ce sursaut dont le mérite revient à tous, où en serions-nous ? Ainsi, un immense travail législatif a été fait, qui était indispensable, même s'il y a eu quelques excès ; un travail qui a été fait grâce aussi au Comité économique et social et au Parlement européen. Près de trois cents textes ont été adoptés en moins de huit ans.

Deuxième question, les relations entre la compétitivité et l'emploi. Nous avons regagné de la compétitivité entre 1985 et 1990. À partir de 1991, même s'il s'agit d'une période courte, nous commençons à nouveau à en perdre et, en perdant de la compétitivité, nous perdons des emplois sous deux formes. Soit nous perdons des parts du marché, soit, pour survivre, nous remplaçons le capital humain par du capital technique. Nous avons dû le faire dans une certaine mesure. Je considère, pour ma part, que pour faire face à la nouvelle compétition mondiale, nous avons supprimé 5 millions d'emplois entre 1970 et 1990. Mais ce qui est en cause, c'est la mission de l'Europe. Est-ce que l'Europe veut se refermer sur elle-même après avoir pendant des années pris la tête du mouvement pour un dialogue Nord-Sud ? Or le Sud s'éveille.

Il veut sa place autour de la table. Est-ce qu'au nom des valeurs qui sont les nôtres, nous allons le lui refuser ? Et quand je dis le Sud, je devrais dire les Sud car il y a bien entendu une différence extraordinaire entre cette Amérique latine qui, avec la démocratie, retrouve la croissance, la région de l'Asie et du Pacifique qui explose littéralement avec des taux de croissance de 10 % pour la Chine par exemple et, enfin, cette Afrique qui demeure malheureusement le continent oublié du développement. Comment pouvons-nous à la fois être généreux et efficaces ?

Changement de décor radical

Enfin, troisième élément, le plus difficile (je reconnais qu'on peut très bien diverger sur ce point), mon intuition est que nous changeons radicalement de décor ; que la société industrielle telle que nous l'avons conçue est en train de faire place à une autre société et que dans cette société-là nous devons repenser – et pas simplement les dirigeants – les citoyens, les travailleurs, les organisations syndicales et patronales, ce que nous entendons par travail, par activité et par temps libre. Et si le travail demeure, comme je le pense, un facteur unique de socialisation et d'épanouissement de l'individu, alors nous devons savoir comment nous allons organiser le travail dans cette société. Je crois que c'est cela l'élément essentiel pour le long terme. Pourtant, lorsque je parle de ça devant vous, comme ailleurs, je sens un certain scepticisme. Je vous pose la question. Est-il interdit de penser à vingt ans ? Est-ce que dix années de politique le nez collé sur la vitrine de l'événement ont eu un tel succès que la prospective soit désormais interdite ?

Eh bien, c'est en regardant loin et large que nous arriverons à redonner des perspectives à des populations qui, quel que soit par ailleurs ce que l'on pense du fonctionnement interne des démocraties, s'éloignent de la politique et de l'intérêt général parce qu'elles n'en voient pas l'utilité. Si vous prenez le débat qui actuellement saisit les États-Unis, on a un étrange parallèle avec ce qui s'est passé en Europe pour le traité de Maastricht. C'est-à-dire qu'il y a d'un côté ceux qui savent et de l'autre côté la masse de la population qui a peur. Tout le travail du président Clinton doit donc consister à essayer de surmonter ces peurs. N'en allait-il pas de même dans une certaine mesure dans les deux pays où il y a eu un référendum européen ?

Tout cela m'amène au modèle européen de société parce que je considère qu'il est une des bases de la citoyenneté. Parce que je considère aussi qu'il charrie avec lui l'héritage du passé dans sa diversité. C'est assez extraordinaire de parler de la personne Europe depuis l'Antiquité, une personne qui a des atours si différents et si variés, or précisément l'Europe est riche de sa diversité. Ce modèle européen existe. Je pense qu'il ne pourra survivre qu'en s'adaptant, mais en s'adaptant, pas en disparaissant. C'est toute la différence. Regardez d'ailleurs quel est le projet central du président Clinton. C'est la santé pour tous. C'est dire qu'à un moment où l'on discute en Europe de nos systèmes d'assurance maladie pour les rendre soi-disant plus flexibles, le président Clinton se préoccupe de savoir si, lorsqu'on a une maladie sérieuse et qu'on est américain, on pourra vraiment se voir ouvrir les portes de l'hôpital. Je vous pose une autre question qui n'est jamais posée, jamais soulevée : s'il n'y avait pas eu l'État providence, où en seraient nos économies aujourd'hui, avec la crise que nous connaissons ? Alors là vous pourriez parler d'analogie avec les années 1930.

Attention donc à la mode. La pauvreté d'une pensée économique réduite au couple budget-monnaie, j'en ai les oreilles rabâchées, et ça n'avance pas… Un peu plus de monnaie, un peu plus de budget. La seule différence, c'est qu'il y en a qui disent monnaie-budget, d'autres budget-monnaie.

Dogmatisme ultralibéral contre conservatisme social

Attention à l'indifférence. L'affaiblissement de la citoyenneté est lié à cette disparition du lien social. Attention à l'éclatement de la cohésion sociale. Certains des maux de nos sociétés y sont étroitement liés, qu'il s'agisse de la drogue, de la petite délinquance, de bien d'autres maux encore ou même des difficultés pour nos enseignants ou des politiques d'éducation en général. Or le modèle européen est fondé sur la solidarité. Et la solidarité ne se décrète pas d'en haut. Elle se vit. Ce n'est pas seulement l'affaire des gouvernements ou des partis politiques. Pour maintenir la solidarité entre les actifs et les non-actifs, entre les bien-portants et les malades, entre ceux qui ont un emploi et ceux qui n'en ont pas. Pour avoir une certaine égalité des chances dans les politiques de l'éducation et de la famille, il faut une société qui supporte ça. Et non pas seulement une tutelle d'institution créée il y a cinquante ans et qui fonctionne dans l'indifférence générale. Nous retrouvons là la citoyenneté. Car ce modèle ne peut vivre que soutenu par des citoyens actifs, que dans une synthèse entre la compétition et la coopération et aussi dans une synthèse entre le marché, le rôle des institutions publiques et la concertation sociale. La concertation sociale, dont le Comité économique et social est le symbole. Aujourd'hui, nos systèmes sont autant menacés par ceux qui veulent leur mort que par ceux qui souhaiteraient leur maintien sans concéder aucune adaptation. Ce qui fait que ce modèle européen de société se heurte d'un côté au dogmatisme ultralibéral, de l'autre au conservatisme de beaucoup de ceux qui prétendent le défendre.

Le dogmatisme ultralibéral, c'est celui qui considère le marché comme le principe unique, le seul régulateur de l'activité humaine. Il n'y a pas une seule société nationale qui fonctionne comme cela. Et je vais en donner un exemple qui ne sera pas pris dans le monde des salariés, comme on s'y attendait, mais dans l'agriculture. Malgré ses pourfendeurs – et il y en a beaucoup dans mon pays –, la nouvelle politique agricole commune est la synthèse entre les exigences du marché et la solidarité internationale d'une part et les exigences de la solidarité interne et de l'aménagement du territoire d'autre part. Si demain le marché était le seul régulateur de l'agriculture, vous pourriez tenir dans dix ans un colloque sur la citoyenneté pour pleurer la disparition d'une grande partie de nos traditions liées à la civilisation rurale. La civilisation rurale, c'est plus que l'on croit généralement. Moi, je vois bien, certains sont déjà à l'affût et disent « Quand Delors sera parti, on remettra sur le chantier cette politique agricole commune pour enfin donner au marché toutes ses chances ». Ils ont encore seize mois à attendre. Mais ils trouveront, je l'espère, d'autres gens sur leur chemin et des esprits sans doute qui depuis auront évolué et qui seront sortis de cette obstination à critiquer cette politique tous azimuts.

L'autre handicap de ce modèle européen de société, c'est le conservatisme de beaucoup de ceux qui défendent ce modèle. Je ne prendrai là encore qu'un seul exemple, qui s'adresse plutôt aux syndicats qu'aux salariés. Une certaine manière de penser l'augmentation des revenus et des salaires et une distribution de ces revenus accroît les risques de chômage et diminue la solidarité entre ceux qui ont un emploi et ceux qui n'en ont pas. Le partage du revenu national est un élément qui éclaire beaucoup la façon de se comporter.

Politiques actives du marché du travail

Qu'est-ce qui est en cause ? Économiquement, c'est le coût du travail et notamment les charges indirectes, l'absence de politique active du marché du travail dans la Communauté, c'est-à-dire de politique qui ait comme obsession d'offrir un emploi et non pas comme objectif unique de payer des allocations. Je ne plaide pas pour la suppression des allocations. Mais je dis que l'ordre des priorités n'est pas bon. On doit avoir l'obsession, dans les politiques actives du marché du travail, de se dire : « À ce monsieur ou à cette dame, qu'est-ce que je vais lui proposer comme activité et comme emploi ? Comment vais-je l'encourager à rester dans la course de la société ? » Bien entendu, il y a insuffisance de la croissance économique mais, comme je l'ai souligné tout à l'heure, c'est lié dans une certaine mesure à une conception dépassée du développement.

Qu'est-ce qui est en cause socialement ? C'est un système de l'État providence que j'ai défendu mais qui ressemble à un panier percé aujourd'hui car comment expliquer que dans un système social aussi avancé il y ait 40 à 50 millions de pauvres dans la Communauté ? Notre système est un panier percé aux dépens des plus démunis et des plus malchanceux. Disons-le et changeons-le.

Et enfin, politiquement, ce qui est en cause c'est le sens de la responsabilité de chacun, de chaque organisation, l'absence de solidarité effective, de solidarité de voisinage, malgré les efforts admirables des associations ou de minorités. L'absence de solidarité entre Européens mais aussi vis-à-vis du reste du monde et c'est pourquoi le non-protectionnisme est un élément de la solidarité.

Sans ce modèle économique et social dont je viens d'indiquer qu'il devait être remis en chantier tout en en gardant l'esprit, je suis sûr que l'Europe perdrait son identité et son âme. Une grande bataille politique s'annonce donc en Europe. Pourquoi le cacher ? Le dialogue social que j'ai initié en 1985 est un terrain prometteur et je remercie les organisations patronales et syndicales d'avoir surmonté leur scepticisme initial, mais il faut désormais aller plus loin. Il faut un pacte social pour la solidarité et l'emploi. Même si ce pacte est léger, même s'il concède tout ce qu'il faut à la subsidiarité. Même s'il est complété par des pactes sociaux nationaux. Mais sans cette idée générale, je crains beaucoup que le sentiment d'appartenance à l'Europe et l'intérêt de l'Europe pour nos citoyens ne diminuent grandement. Sommes-nous capables aujourd'hui, les organisations agricoles, patronales, syndicales sont-elles capables de faire cet effort ? Nous le saurons dans les prochains mois. Mais sans cela, il est à craindre que cette Europe demeure toujours aussi lointaine.

Pas de générosité sans puissance

Pendant des années, et avant le double choc de Maastricht et du grand marché intérieur – Maastricht, un traité ambitieux et trop complexe, mais qui fait réfléchir les citoyens ; le grand marché intérieur qui a pénétré chaque vie –, la construction européenne était une sorte de long fleuve tranquille qui circulait en marge de la vie démocratique de nos pays, de nos parlements nationaux, qui se sont réveillés d'ailleurs depuis. Pour être honnête pas si tranquille que cela, mais c'était une affaire de spécialistes. Aujourd'hui le grand fleuve est au milieu de la vie quotidienne de chacun, au milieu de la vie publique. Il faut donc s'en occuper. Il faut donc retrouver le citoyen, affirmer la personnalité européenne. Par la fidélité au projet initial et aussi par l'ambition d'être à la fois puissant et généreux. La fidélité au projet initial, j'aurai l'occasion d'en parler plus longuement puisque, paraît-il, la vision des pères du traité de Rome serait dépassée. Mais, après mûre réflexion, la réponse est non, cent fois non. Leur vision n'est pas dépassée. Je rappellerai ce qu'ils voulaient en trois phrases : ils voulaient réconcilier et pacifier, unir pour survivre, et personnaliser l'Europe. Où en est-on aujourd'hui ? Réconcilier et pacifier, regardons à nos portes. La montée des dangers et des risques, le refus de l'autre, la xénophobie à nos portes mêmes, la barbarie dans l'ex-Yougoslavie, est-ce que réconcilier et pacifier n'est pas encore un objectif actuel ? Unir pour survivre. Constatons ce qui nous arrive chaque fois que nous nous présentons en ordre dispersé. Aujourd'hui en Europe, regardez l'expérience de ces trois dernières années. Tant sur le plan économique que sur le plan de la politique étrangère. Et enfin, personnaliser l'Europe. Là, c'est une question de foi. L'Europe a tant donné au monde sans pour autant vouloir aujourd'hui lui donner la leçon. C'est un patrimoine commun dans la diversité. Allons-nous accepter qu'il disparaisse ? C'est pour ça que le secret de la réussite reste à mon avis la puissance et la générosité.

La première fois que j'ai employé ce mot-là, « puissance », j'ai choqué les belles âmes. Et je leur ai posé la question : « Où est la générosité sans puissance ? » La puissance dans un monde multirisque face à une compétition accrue dont il faut se réjouir, je l'ai dit, dans la mesure où recule le sous-développement ; la puissance pour jouer notre rôle dans l'Histoire, marquée comme toujours par des rapports de force impitoyables, car même si nos citoyens ne peuvent pas entrer dans la complexité de l'affaire yougoslave, au fond d'eux-mêmes à 80 % ils nous reprochent notre impuissance pour répondre aux appels lancés à l'Europe. En Afrique, au Moyen-Orient et en Europe près de nous, de l'Est, la générosité existe déjà dans la communauté de l'Acte unique. J'ai parlé de la nouvelle politique agricole commune et j'aurais pu aussi parler de la cohésion économique et sociale. [...] La générosité, elle se concrétise aussi dans notre effort, ignoré, parfois décrié, à l'égard du reste du monde. Notre aide financière, notre assistance technique, l'ouverture de nos marchés. Les Américains nous critiquent beaucoup là-dessus mais je vous invite à comparer les efforts faits par les États-Unis et la Communauté. Et vous verrez que nous sommes largement ceux qui paient le plus en ouvrant nos marchés – ce qui n'a pas que des avantages, vous en conviendrez – et aussi par notre assistance technique ou notre aide financière.

Je le reconnais en une formule lapidaire, qui explique aussi le bilan de 1992, l'année 1989 a été plus importante que l'année 1992. Mais elle n'a pas pour autant effacé 1992. Nous devons faire plus par un aggiornamento intérieur en pensant le modèle social de l'an 2000, en fidélité à nos valeurs, par une présence encore plus grande sur le front international. Mais, je vous le répète, nous ne le ferons pas sans la puissance. Ce qui nécessite une économie plus performante, une société plus solidaire et plus responsable. Mais aussi une union plus étroite. C'est l'Europe politique. Pas simplement l'Europe économique. L'Europe des intérêts communs. L'Europe des finalités communes, l'Europe qui accepte un exercice en commun de la souveraineté chaque fois, mais seulement chaque fois, que cette action commune est plus efficace que l'action nationale.

Vous allez être étonnés mais quand on dit cela, intérêts communs, finalité commune, exercice en commun de la souveraineté chaque fois que c'est utile et pas plus, on a défini quoi – oh horreur – la conception fédérale de l'Europe. Elle seule permet à la fois d'unir nos forces, de renforcer réellement la nation, de faire participer le citoyen car chacun sait exactement ce qu'il a à faire. C'est cela la boussole qu'il nous faut trouver, avec ceux qui voudront le faire et sans oublier que notre responsabilité historique est de faire de la grande Europe une maison commune. Si nous faisons cela, alors le citoyen à mon humble avis y verra plus clair. Il retrouvera son rôle. Il saura comment peser sur les événements. Il développera son sentiment d'appartenance sans diminuer en rien son patriotisme légitime pour sa nation. Je continue à penser avec les pères du traité qui ne sont pas encore au musée que, hors de cette voie, il n'y aura – je le crains – pour l'Europe que la marginalisation.

Europe sociale

« Si la cohésion sociale n'est pas réalisée, le grand marché n'existera pas[1] »

Je m'adresse à vous aujourd'hui avec un sentiment mêlé d'inquiétude et d'espoir. L'inquiétude devant notre incapacité collective à juguler le chômage dans la Communauté – nous sommes ici dans un pays[2] qui a heureusement trouvé de bonnes solutions et qui fait mon admiration pour cela et bien d'autres choses – et notre incapacité à retrouver les chemins d'une croissance qui non seulement apporterait des emplois supplémentaires, mais qui contribuerait aussi à la création d'un ordre économique mondial plus juste. Et dans les circonstances présentes, jamais la coïncidence n'a été aussi grande entre le besoin d'une croissance européenne et pour l'Europe et pour le monde et l'intérêt pour l'Europe de le faire. Et malgré cela, malgré nos propositions, nos gouvernements restent frileux et dans une sorte d'autosatisfaction. Sans doute, les élections à

---

1. Intervention au congrès de la Confédération européenne des syndicats (CES), Stockholm, 12 mai 1988.
2. La Suède, qui à l'époque n'est pas encore membre de l'UE.

répétition dans chacun de nos pays expliquent ce phénomène. Il y a un cycle démocratique qui parfois occulte la voix de la raison, qu'elle soit économique ou sociale.

On peut faire montre des meilleures résolutions, avancer les solutions les plus efficaces, rejeter sur d'autres la responsabilité qu'elles ne soient pas mises en œuvre ; le débat serait vain, s'il n'y avait la réalité prégnante des dégâts du chômage exigeant le redoublement de nos efforts. Mon souci personnel de voir préserver notre modèle de société est partagé maintenant par la Commission, conciliant l'initiative, la responsabilité, la solidarité, la compétition nécessaire et la coopération à commencer par le dialogue, la concertation et la négociation solide.

Je reste plus que jamais persuadé que c'est en puisant dans nos modèles que nous trouverons des solutions et non en important d'ailleurs des idéologies, qui ne font guère illusion dans ces pays.

Le grand marché, un espace organisé doté de règles communes

Je voudrais développer devant vous à partir de ce qui a été dit dans vos résolutions quatre idées simples [...].

1. La construction européenne est en mouvement et de toute manière, quelles que soient les craintes des uns et des autres, il s'agit d'un fait positif, car l'union fait la force dans ce domaine comme dans d'autres.

2. La réussite de ce que nous avons mis en place, des objectifs adoptés solennellement par des gouvernements, ne va pas de

soi. Certaines conditions doivent être acceptées et remplies dès maintenant et dans les années qui viennent, sinon ce sera une fois de plus, dans la courte histoire des trente et un ans de l'Europe, une déception et une phase de stagnation qui succédera à la phase actuelle d'élan.

3. Parmi ces conditions, la dimension sociale de la construction européenne doit être reconnue politiquement et doit être mise en œuvre quelles que soient les difficultés qui – et les syndicats des douze pays membres en sont conscients – sont dues aussi à la diversité des situations dans nos pays.

4. Enfin, aujourd'hui, en ce mois de mai, un signal politique est indispensable. Il doit être donné par le prochain Conseil européen à Hanovre et de ce point de vue, la Commission prendra ses responsabilités ; en tout cas, moi je prendrai les miennes.

Vous savez que l'Europe est à nouveau en mouvement. Nous y consacrons l'essentiel de notre énergie et notre action. Je me souviens de notre rencontre à Milan en 1985, où vous aviez approuvé l'Objectif 1992 avant même que ne se déclenche le mouvement qui allait remettre l'Europe en marche. Il s'agissait là, compte tenu de vos expériences, d'un geste courageux, d'une décision politique qui allait au-delà même de la défense de vos intérêts.

Ce fut d'abord, pour le rappeler brièvement, l'élargissement de notre Communauté à deux nouveaux membres, l'Espagne et le Portugal, deux jeunes démocraties qui allaient consolider l'ensemble, lui donner de nouveaux horizons et apporter à notre Europe à Dix cet enthousiasme dont elle avait besoin. Ce fut ensuite l'adoption par le Parlement et le Conseil européen de l'objectif proposé : la création d'un grand marché unique sans frontières techniques, physiques ou fiscales. Je vous avais dit à Milan que cet objectif ne se limiterait pas aux seuls aspects techniques. Il ne s'agissait pas et il ne s'agit toujours pas de créer une simple zone de libre-échange, mais bien un espace organisé, doté de règles communes cherchant à assurer à l'intérieur la cohésion économique et sociale ainsi que l'égalité des chances devant les potentialités ouvertes par ce marché. Mais il s'agit aussi à l'extérieur – et c'est souvent oublié – que la Communauté parle d'une seule voix et agisse de manière ferme en défendant ses intérêts. C'est un des domaines où la Commission éprouve plus de difficultés à se faire entendre.

Puis ce fut l'Acte unique, disons un deuxième traité de Rome, qui posa les principes d'organisation de cet espace économique et social commun et introduisit – il faut rendre à César ce qui est à César – à l'initiative du gouvernement danois des dispositions novatrices en matière de protection des travailleurs sur leurs lieux de travail, et la Commission demanda que la nécessité du dialogue social soit inscrite solennellement dans ce traité. Enfin, puisque l'Acte unique était adopté, nous étions devant un nouveau traité, il ne nous restait plus qu'à demander au Conseil des ministres de donner à chaque État membre les moyens économiques, financiers et politiques pour réussir l'Acte unique, c'est-à-dire un ensemble d'objectifs.

C'est ainsi que la relance de l'Europe s'est développée. Elle nous conduit à progresser parallèlement vers six objectifs intimement liés entre eux : la réalisation du marché intérieur, objectif le plus connu ; le renforcement de la cohésion économique et sociale, incluant la dimension sociale du grand marché entre les régions, entre les catégories sociales ; une coopération accrue en matière de recherche sans laquelle nous n'arriverons pas à relever les défis des États-Unis, du Japon et des tigres du Sud-Est ; le développement de la coopération monétaire ; et enfin une meilleure prise de conscience de l'environnement. Sur ce dernier sujet, il y a des différences de sensibilité entre pays, mais le modèle européen comprend aussi la recherche d'un bon équilibre entre l'homme et la nature.

Le duo compétition/coopération

La philosophie implicite de la construction européenne, telle que proposée par la Commission, est beaucoup plus dialectique qu'on ne le pense généralement. Il ne s'agit pas simplement de réaliser un grand marché sans frontières, la concurrence se développera au sein du grand marché, qui doit avoir des règles du jeu, car un marché sans règles c'est une jungle. La compétition doit s'accompagner de coopération. Le duo compétition/coopération est nécessaire. Quand je parle de coopération, je parle de celle qui peut s'installer entre les États en matière monétaire, technique, technologique. Mais je pense aussi à la coopération entre les acteurs de la vie économique et sociale, à savoir le patronat et le syndicat.

De même que compétition et coopération doivent aller de pair, réglementation et harmonisation doivent être conçues ensemble de façon à créer les bases d'une nouvelle régulation qui supprime les coûts abusifs des entraves actuelles, mais qui fixe des règles du jeu d'un espace organisé.

Je le dis souvent par une formule à l'emporte-pièce : « Nous ne voulons pas d'un avion européen sans pilote. »

Cette action – et c'est parfois difficile de l'expliquer à la Norvège, la Suède et d'autres encore –, nous la plaçons dans la perspective supérieure de l'union européenne. Et cela remonte à une discussion des années 1950 : nous ne voulons pas bâtir avant d'avoir créé les fondations, qui sont économiques, sociales et culturelles.

Mais cette action est indispensable au service de l'emploi. [...] L'Europe est vraisemblablement le chantier le plus prometteur pour la croissance et l'emploi [...] et cela aura d'autant plus de succès que les Européens auront compris la nécessité de coopérer, de travailler en commun au retour durable de l'expansion.

Notre projet n'a rien d'idéologique ; je dois le répéter ici, il tourne le dos aux partisans du maintien de l'intervention étatique, il tourne le dos aux partisans effrénés de la dérégulation. Il s'agit d'un modèle pragmatique, fidèle à la grande tradition de l'Europe et qui a fait ses preuves dans les années 1950 et 1960.

Cette coopération, nous l'eussions voulue plus forte [...]. Mais nous allons reprendre l'offensive et puisqu'il faut toujours des noms nouveaux, nous appellerons cela une initiative européenne de croissance, mais cela ne suffira pas pour que ça marche. Les plus anciens d'entre vous, qui ont beaucoup de culture, se rappellent que Maurice Chevalier chantait avant-guerre : « C'est peut-être moins bien, mais c'est nouveau et si c'est nouveau, c'est rigolo. » Nous ne voulons pas simplement d'un terme nouveau, nous voulons un engagement des États européens. Nous voulons leur faire comprendre que l'Europe ne peut que compter sur ses propres forces. Le Japon connaît une expansion rapide certes, mais sa contribution au commerce mondial est faible. Les États-Unis devront ralentir, après les élections, leur rythme d'expansion. Les pays endettés ont bien du mal à assurer le service de leur dette ; que peut-on leur demander de plus ? Et enfin les pays les plus pauvres deviennent encore plus pauvres. Par conséquent, si demain une impulsion peut venir pour l'économie mondiale, elle ne peut venir que de l'Europe.

Espérons que cette analyse sera acceptée, mais il faudra sans doute que les événements aillent un peu plus mal qu'en ce moment pour que cesse ce climat d'autosatisfaction à court terme et pour que nous soyons entendus.

Politiques d'accompagnement

À cela devraient s'ajouter les politiques d'accompagnement que nous avons décidées à Bruxelles et qui sont dotées de moyens financiers importants. Nous consacrons en termes budgétaires au niveau communautaire entre 1988 et 1992 des sommes supérieures à ce que fut le célèbre plan Marshall. On peut compter que, relayées par l'action de la Banque européenne d'investissement et par les crédits nationaux et régionaux, ces politiques d'accompagnement comporteront une potentialité de croissance d'un point en plus par an. Nous avons décidé de nous concentrer sur des objectifs clairs : l'aide au développement des régions en retard, qui auront 9 des 14 milliards d'ECUS prévus pour 1992 ; et, pour les autres régions, il y a une nouveauté : la Communauté interviendra substantiellement pour aider les régions industrielles des pays riches en crise.

En matière d'emploi, nous avons deux objectifs essentiels : la lutte contre le chômage de longue durée et l'insertion professionnelle des jeunes. Nous essaierons d'échanger entre pays les meilleures expériences et de faire porter notre effort d'imagination technique et financier sur ces deux points. Et enfin notre cinquième objectif est le développement du monde rural.

La mise en application de ces réformes est en cours, le Conseil s'est engagé à adopter le règlement-cadre d'ici à la fin du mois de mai et vous serez consultés sur les futurs règlements comme vous l'avez été sur les principes de la réforme.

Voilà pourquoi l'Europe est en mouvement.

Quelles sont les conditions de la réussite ?

Qu'il s'agisse de niveaux de vie et de développement entre les régions, de conditions de travail et de protection sociale, la diversité de notre Europe est extraordinaire. En termes de moyenne nationale de niveau de vie, les disparités vont de 1 à 3 ; pour les régions, elles vont de 1 à 10.

Quand la CES se réunit, elle doit aussi faire face à cette diversité, qui rend parfois assez ingrate la prise de position commune. Autrement dit, nous devons gérer cette diversité. Elle doit être pour nous une source de richesse et de dynamisme et non pas un frein au progrès économique comme au progrès social, et d'une manière générale au progrès de l'Europe.

Cohésion sociale et grand marché

Je voudrais avec force vous dire ici que nous n'avons pas l'obsession d'introduire le social partout. Mais la démonstration est facile à faire : si la cohésion sociale de l'espace commun n'est pas réalisée, le grand marché n'existera pas. Pourquoi ? Tout simplement parce que les entreprises comme les travailleurs, selon le lieu où ils se trouvent, ne bénéficieront pas des mêmes conditions d'accès au marché. Des blocages apparaîtront rapidement. Certains pays bloqueront les décisions. Il faut donc savoir qu'en demandant de gérer la diversité, que la dimension sociale soit reconnue, nous défendons les conditions d'emploi et de protection des salariés de haut niveau, qui seraient menacées par une forme de dumping social.

Nous défendons également l'emploi des entreprises, qui seront indûment et injustement concurrencées soit de l'intérieur, soit de l'extérieur. Et enfin, nous œuvrons pour le progrès des conditions de vie et de travail des entreprises qui se trouvent dans les régions en retard. C'est un vaste programme, mais c'est la condition de la réussite.

De plus, la convergence des évolutions des politiques sociales doit s'effectuer dans le sens du progrès. Ce n'est pas simple à réaliser, mais c'est la direction et la philosophie du traité de Rome. Ce qui signifie que les pays dans lesquels existent les normes sociales les plus basses seront invités à les relever progressivement ; tandis que les pays qui auront les normes les plus élevées pourront les maintenir et, je l'espère, même les améliorer. Il y a d'ailleurs une disposition du traité qui prévoit que lorsque l'on fixe des normes pour la Communauté, il est possible pour un pays qui a des normes plus avantageuses de les maintenir jusqu'à ce que les autres les aient rattrapées. Mais ce qui n'est pas admissible, c'est d'arrêter le convoi de l'Europe pour permettre aux retardataires de le rejoindre. La Communauté doit aider, au contraire, ces retardataires à accélérer leur course et à acquérir le rythme nécessaire pour intégrer le convoi. Cela veut dire que les régions en retard ont à faire face à un double défi : le premier est de se mettre au rythme européen, alors que l'Europe – et c'est le deuxième défi – doit se mettre au rythme du monde.

Tel est le principe qui doit inspirer notre action. Mais comment la mettre concrètement en œuvre ?

Il conviendrait de distinguer clairement ce qui ressort de la compétence des institutions européennes, du rôle des États membres, du rôle des partenaires sociaux, et ce qui peut résulter d'une action coordonnée.

J'en viens donc à la dimension sociale de la construction européenne qui comporte trois volets :

- légiférer (il faut légiférer un minimum au niveau communautaire) ;
- nourrir le dialogue social ;
- relancer la politique de la dimension sociale pour la construction européenne.

Nous légiférons maintenant dans deux domaines :

1. Tout d'abord, en prévoyant un volet social pour les décisions instituant le grand marché. C'est le cas, par exemple, pour les transports routiers, où il est difficile de se mettre d'accord, compte tenu de la diversité des conditions de travail et fiscales entre les pays. Les pays les plus avancés comme la RFA et les Pays-Bas craignent de voir les entreprises de transport routier aller s'installer en Grèce et au Portugal. Les Grecs et les Portugais le souhaitent bien sûr, cela se fera en partie, mais il ne faut pas s'attendre au pire non plus ;
2. Nous légiférons également dans le domaine de la santé et de la sécurité car le traité comporte, à l'initiative du Danemark, soutenue par la Commission, l'article 118 A qui nous a permis de proposer récemment une directive-cadre et cinq directives d'application sur ces questions. Nous venons également de faire deux directives, l'une indiquant la composition des machines et biens d'équipement et l'autre

stipulant les conditions d'hygiène, de sécurité et de santé sur les lieux de travail.

[...] Voilà pour la législation.

Nourrir le dialogue social

J'en viens maintenant à la deuxième partie : nourrir le dialogue social, que j'ai voulu et lancé en 1985. On appelle cela le dialogue de Val Duchesse. Je l'ai beaucoup suivi et je dois reconnaître qu'après un début prometteur, ce dialogue a beaucoup déçu. À tel point que je me suis demandé si la Commission devait encourager sa poursuite. Je connais bien les données du problème, vous aussi, ainsi que la difficulté pour les organisations qui y participent de disposer d'un mandat de négociation, le fait que les avis communs ne constituent pas un progrès bouleversant pour les pays les plus avancés, le fait aussi qu'il peut paraître ambitieux et même utopique de lancer un dialogue interprofessionnel au niveau européen, alors que ce type de négociations a tendance à régresser au niveau national et de branche pour se concentrer sur celui de l'entreprise. J'ai même rencontré quelques-uns des patronats nationaux qui pensent que je donne le mauvais exemple en redonnant un peu de lustre à la négociation interprofessionnelle.

Mais je me dis que l'arrêt du dialogue affaiblirait la position et la place du syndicalisme européen et jetterait un certain discrédit sur notre volonté de renforcer la cohésion sociale de la Communauté. Ce n'est pas à moi bien entendu de décider. Si les deux parties ne veulent pas jouer le match, il n'y aura pas de match. Pour ma part, j'essaierai de stimuler, par des signes, ce début de politique contractuelle au niveau européen.

Il conviendrait que l'on puisse partir de ce qui se fait en Europe pour influencer dans le bon sens ce qui se passe dans chacun des pays. Bien entendu, ce dialogue social ne peut prétendre à lui seul remplir ce rôle d'orientation, et il faudra sans doute prochainement revoir les instruments de concertation qui existent à l'échelle communautaire pour renforcer leur rôle sur ce point essentiel. Je pense en particulier au Comité permanent de l'emploi, mais aussi aux six comités de branche.

S'il y a des fonctionnaires de la Commission ici, je leur dirai que les institutions de concertation sont comme les play-boys et les jolies filles. Ils vieillissent très vite, la routine s'installe et il faut donc de temps en temps rajeunir le genre, redistribuer les cartes. C'est pour cela que je pense que nous devons revoir la manière dont nous travaillons ensemble. La routine est là, elle nous guette, elle est paralysante. Il faut changer de style. Voilà pour ce qui est de la Commission.

Mais les faibles résultats obtenus par le dialogue social, les inquiétudes des travailleurs devant les bouleversements liés à la réalisation du marché intérieur, le niveau désespérant du chômage font que, si l'on veut que les travailleurs et les syndicats s'intéressent à la construction européenne, il faut une relance politique, un engagement solennel de la part des gouvernements. C'est maintenant cela la responsabilité de la Commission et la mienne aussi.

Je pense au dialogue plus difficile qui pourrait se développer au sein même des sociétés de dimension européenne. Des initiatives positives ont été prises dans certaines d'entre elles et ont débouché sur la création de comités de groupe à l'échelle européenne. Aucune des sociétés qui ont créé ces comités de groupe ne s'en plaint, au contraire.

Modèle social et participation des salariés

Vous le voyez, le débat s'engage à plusieurs niveaux autour de la nécessaire cohésion sociale du marché intérieur. Mais pour qu'il puisse s'affermir et conduire à des résultats concrets, je proposerai que trois initiatives soient prises dans les prochains mois :

1. À la suite de la proposition de la présidence belge du Conseil, prévue dans votre programme social, la Communauté pourrait adopter un « socle » des droits sociaux garantis, qui s'inspirerait de la Charte sociale européenne. Ce socle pourrait être négocié auparavant par les partenaires sociaux, l'Unice[1] et la CES et traduit ensuite dans la législation communautaire. Il servirait de base au dialogue social et au renforcement de la cohésion sociale européenne.
2. La deuxième initiative que nous comptons prendre consisterait à reconnaître à chaque travailleur le droit à la formation permanente. Dans une société à changements rapides, dans une économie accablée de bouleversements, il faut que les travailleurs aient confiance en nous et que constamment ils enrichissent leur savoir et leur savoir-faire. Ainsi, chaque salarié en Europe bénéficierait d'un crédit d'heures de formation qu'il utiliserait en tant que besoin lors de sa vie professionnelle. Là encore, le dialogue social pourrait enclencher le processus.
3. Troisième point : le droit européen des sociétés. J'ai consulté beaucoup de chefs d'entreprise qui considèrent que l'absence

1. Patronat européen, aujourd'hui Business Europe.

de société de droit européen est un obstacle à la coopération, aux rapprochements entre entreprises européennes. Cette absence est génératrice de coûts supplémentaires, de complications liées à l'utilisation de tel régime fiscal ou juridique ; par conséquent, les entreprises ont besoin d'un statut de société de droit européen. Si la nouvelle législation ne contient rien sur les modalités de participation des travailleurs dans l'entreprise, il ne peut y avoir une société de droit européen.

Ceux qui travaillent depuis longtemps pour le syndicalisme européen se rappelleront les tempêtes suscitées par certaines directives. Mais je crois que l'on peut s'en sortir, à condition de laisser le choix aux entreprises et aux travailleurs et à leurs représentants entre trois modalités de participation. Cela figurera dans le mémorandum que je vais déposer au Conseil des ministres : le premier choix est celui de la *Mitbestimmung*[1], le second est un système emprunté à la Belgique, la France et l'Italie, qui mettrait au centre le comité d'entreprise avec des pouvoirs allant jusqu'à la participation, et enfin le troisième choix, bien qu'il soit non communautaire, celui de la Suède.

La participation des travailleurs serait fixée au niveau de chaque entreprise par une convention collective signée entre les dirigeants et les syndicats. Toutes les précautions seraient prises pour que, par exemple, des travailleurs allemands ne soient pas privés de la possibilité de la cogestion lors d'une fusion et aussi pour que, si dans un holding les travailleurs d'un pays choisissent le modèle I, les travailleurs d'un autre pays le modèle II, il y ait au niveau du holding un comité d'information et de consultation des travailleurs.

1. Cogestion, prévalant en Allemagne.

Voilà les trois idées nouvelles que nous voulons lancer sur le tapis :

– le socle minimum des droits sociaux ;
– le droit à la formation permanente ;
– les modalités de participation des travailleurs dans une société de droit européen dont l'utilisation serait facultative.

[...] Ce qui compte, voyez-vous, c'est que nous défendions et fassions rayonner le modèle que nous possédons en commun et que nous apprécions la contribution que le social, le dialogue social, la concertation et la politique contractuelle apportent à ce modèle. Nous avons, en effet, besoin de toutes les forces au moment où s'annonce la grande révolution tranquille que constitue non seulement l'effacement entre autres des frontières physiques entre les Douze, mais aussi que représente une maison commune, l'Europe. Et pour ce faire, aujourd'hui comme hier, nous avons besoin d'un mouvement syndical puissant qui partage notre vision générale et qui nous aide et prouve ainsi le mouvement en marchant.

PARTIE II

L'architecte économique

Introduction

Le marché unique et la monnaie unique représentent les œuvres économiques majeures auxquelles le nom de Jacques Delors est indissociable. Celles qui façonnent le quotidien des consommateurs, producteurs et travailleurs européens. La préparation méticuleuse de ces projets herculéens et le suivi exigeant de leur mise en œuvre échelonnée ont occupé l'essentiel de ses deux mandats à la tête de la Commission (1985-1995), période encore évoquée aujourd'hui comme l'âge d'or de la construction européenne. Jacques Delors l'a abordée avec un sens des réalités du moment et une vision de long terme qui ont toujours permis à ce réformiste de mesurer le chemin politique possible.

Ses années préalables au Plan, qu'il se remémorait comme les plus belles de sa vie professionnelle, puis celles à la présidence de la commission des affaires économiques et monétaires du Parlement européen comme député (1979-1981), avant ses responsabilités ministérielles aux Finances que lui confia François Mitterrand (1981-1985), quand le franc était dans la tourmente, ont forgé sa compréhension des rouages économiques

– qu'il enseigna un temps à l'université Paris-Dauphine. Elles l'ont convaincu du bien-fondé de ses projets pour l'Europe.

Mais ceux-ci représentent bien plus qu'un marché et qu'une monnaie. Jacques Delors est arrivé à Bruxelles guidé par un triptyque sous lequel il a placé ces entreprises d'envergure : « La compétition qui stimule, la coopération qui renforce et la solidarité qui unit. » L'ouverture à la concurrence de nombreux secteurs économiques par la réalisation du marché intérieur pour le 1er janvier 1993 – « l'Objectif 1992 » – n'était concevable qu'équilibrée par un soutien solidaire décisif envers les régions les moins favorisées qu'orchestre la politique de cohésion. L'euro ne pouvait fonctionner que dans le cadre d'une union économique et monétaire, c'est-à-dire en « marchant sur ses deux jambes », selon son expression courante. Jacques Delors a regretté jusqu'à la fin de sa vie que la « jambe » économique reste aussi faible par manque de coopération des politiques fiscales et budgétaires nationales. Un goût d'inachevé qu'il n'a eu de cesse ensuite de dénoncer.

Il savait aussi qu'il est des secteurs de l'économie réclamant un soin tout particulier. Des étés de sa jeunesse en Corrèze, d'où était originaire sa famille paternelle, il a gardé une sensibilité aiguë aux questions agricoles que traduit son approche de la politique agricole commune et du développement rural. Plus tard, il s'est investi pour que le secteur si stratégique de l'énergie fasse l'objet d'une nouvelle initiative européenne d'intégration.

Sans non plus attendre que le réchauffement climatique manifeste ses terribles effets, Jacques Delors a également alerté avec clairvoyance contre ce phénomène. Ses prises de parole sur l'environnement et le développement durable apparaissent d'autant plus prémonitoires.

Toutes traduisent un attachement premier à ce que l'économie ne dévore pas l'homme mais au contraire respecte la dignité de chaque personne, où qu'elle vive en Europe et dans le monde. Et d'abord dans son travail.

Géoéconomie

« Tenir un langage ferme à ceux qui détiennent une partie du destin du monde[1] »

En écoutant le discours de M. Gaston Thorn[2], un discours tant attendu, à la fois en raison de la personnalité du président de la Commission et aussi parce qu'une nouvelle Commission, c'est une sorte d'Épiphanie pour l'Europe, je me posais la question : est-ce que la conviction et le courage suffiront pour renverser le cours fatal des choses qui, à mon humble avis, entraînent l'Europe sur la voie de la décadence ?

Car de la conviction, M. Thorn en a fait preuve. Il a réaffirmé sa foi en l'Europe en tenant compte des événements nouveaux intervenus depuis sa création. Du courage aussi, il en a eu, puisqu'à deux reprises il a fait des déclarations qui ne sont pas de nature à plaire à tous les gouvernements. Je noterai simplement qu'en ces circonstances, il a employé le « je »

1. Intervention en séance plénière du Parlement européen, Strasbourg, 12 février 1981.
2. Homme politique libéral et ancien Premier ministre du Luxembourg, il présida la Commission de 1981 à 1985 précédant Jacques Delors.

au lieu du « nous », ce qui tendrait à prouver ou bien que la Commission dans sa collégialité n'a pas encore pu délibérer et se mettre d'accord sur ce qu'il disait, ou bien que son président a voulu par là affirmer *urbi et orbi* ses propres convictions. Devant un tel discours, je crois que notre devoir essentiel est de choisir, de choisir des priorités puisque la tâche est tellement grande, notre scepticisme par moments tellement important, qu'un « inventaire », du type de Prévert, ne peut en aucun cas constituer un programme de la Commission.

Aussi me bornerai-je à parler du diagnostic, à essayer de vous dire ce qui est, pour moi, le défi central et ce que pourraient être ces priorités.

Le diagnostic tout d'abord. De ce point de vue je partage assez l'analyse qu'a faite M. Thorn. En effet, nous sommes devant une situation paradoxale : d'un côté, la menace du déclin économique et commercial des sociétés européennes occidentales est indiscutable, car même si nos positions sont encore fortes, le déclin étant déjà amorcé, un sursaut s'impose. Car le déclin économique et commercial empêcherait inévitablement tout sursaut politique. Donc, d'une part ce déclin économique et social et, d'autre part, si je puis m'exprimer comme les politologues, une « demande » d'Europe.

En effet, depuis deux ans, chaque fois qu'un événement se produit dans le monde, on entend partout la question : que fait l'Europe ? Que fait l'Europe à propos du Moyen-Orient ? Que fait l'Europe à propos de l'Afghanistan ? Que fait l'Europe à propos du désordre économique mondial ? C'est ce paradoxe qui, à mon avis, constitue le nœud gordien de la situation actuelle : jamais nous n'avons été autant menacés sur le plan économique et commercial et jamais on n'a autant fait appel à l'Europe pour qu'elle dise son mot dans les affaires du monde et qu'elle contribue à la paix, à la prospérité et à plus d'équité. C'est ce diagnostic paradoxal qui doit constituer, me semble-t-il, la toile de fond de notre réflexion.

L'érosion de nos positions commerciales et économiques

Quant aux défis, M. Thorn les a tous cités, je ne les reprendrai pas. Mais il me semble que ce n'est pas là la question centrale. Le défi, c'est celui de l'imagination et de la volonté. Nous sommes en effet bousculés économiquement, menacés politiquement, déroutés intellectuellement par les événements. Ce qu'on nous demande, c'est de l'imagination et de la volonté. Croyez bien, chers amis du Parlement qui pensez que ce Parlement peut tout faire, que si les solutions pour sortir de la situation actuelle étaient simples, on n'aurait pas attendu l'élection au suffrage universel du Parlement européen pour apporter les réponses. Et ce défi, il est d'autant plus important que la crise n'est pas simplement venue de l'extérieur par le double choc pétrolier ou par la mondialisation de l'économie. Ce défi il est également intérieur, il tient à l'incapacité de plus en plus grande de maîtriser les phénomènes économiques et sociaux dans nos pays. C'est cela la véritable crise. En nous reportant uniquement sur les phénomènes extérieurs, nous aurions la tentation fâcheuse d'une sorte de fuite en avant.

Malheureusement, je m'aperçois que la tentation de la fuite en avant est très répandue. Je n'en citerai que deux exemples : j'entends certains gouvernements parler de coopération politique. Puisqu'il est difficile de poursuivre la construction économique et sociale de l'Europe, lançons-nous dans la coopération politique. Toutefois, une question simple se pose : l'intendance suivra-t-elle ? On a coutume de dire que l'Europe est un géant commercial, une puissance économique menacée et un nain politique. Je pose la question : l'Europe peut-elle devenir une puissance politique influente si ses positions commerciales et économiques s'érodent constamment ? C'est bien cela la question. Par conséquent, je ne peux pas croire ceux qui, ne voulant pas s'attaquer au cœur du problème – c'est-à-dire les difficultés de la construction économique et sociale de l'Europe –, s'en remettent à une fuite en avant sur le plan politique.

Une autre tentation, qui est très fréquente dans cette assemblée, et je le dis brutalement, c'est le bouleversement institutionnel. Si l'on écoutait certains, il suffirait de changer les institutions pour résoudre tous les problèmes qui nous assaillent. Mais non, chers collègues, ce n'est pas possible. Si nous sommes d'accord avec la profondeur de la crise, si nous avons la modestie de constater notre impuissance devant certains phénomènes sociaux, économiques et politiques, alors ce n'est pas parce que le Parlement mettrait « K.-O. » le Conseil des ministres, fût-ce un instant, que les problèmes seraient résolus.

C'est pour cela que je me méfie et que je me bats toujours contre toutes les innovations hâtives, contre toutes les formes de guérilla institutionnelle, qu'on nous propose constamment et qu'on va encore nous proposer. S'il en était ainsi, le Parlement européen se verrait un jour « clouer le bec » par le Conseil. Les gouvernements seront au moins d'accord non pas pour construire l'Europe mais pour reléguer ce Parlement au rang de Belle au bois dormant.

Évaluation des politiques communes

Par rapport à cela, me semble-t-il, la première priorité, celle qui devrait conduire à la Commission et notre assemblée, c'est le mandat du 30 mai[1]. Ce mandat, c'est une chance historique pour relancer l'Europe. De quoi s'agit-il ? Il s'agit de répartir sur des bases saines, de faire une évaluation correcte des politiques qui sont actuellement suivies, et pas simplement de la politique agricole commune. Quelle dérision d'entendre certains parlementaires opposer les dépenses excessives de la politique agricole commune à des politiques qui seraient bonnes en soi, comme la politique régionale et la politique sociale ! Si nous avons le courage de disséquer toutes ces politiques, nous verrons qu'il y a beaucoup à redire, beaucoup à réformer dans chacune d'entre elles.

Il faudrait également, je crois, faire un état de l'Union. Quelles sont les forces et les faiblesses de l'Europe ? Que peut-elle faire aujourd'hui raisonnablement sur le plan économique ? C'est cela qui nous manque, et je suis heureux, de ce point de vue, que le président de la Commission ait indiqué, parmi ses priorités, la coopération industrielle. Car cela est un point important : si demain l'Europe voit son industrie filer entre ses doigts, si, par exemple, le problème de l'automobile, qui représente un symbole et en même temps un fondement de nos sociétés industrielles, si un problème de cette nature n'est pas attaqué au niveau pertinent alors à quoi bon parler du reste ? Le mandat du 30 mai, c'est aussi l'occasion de nous mettre

1. Mandat du Conseil confié le 30 mai 1980 à la Commission pour examiner les politiques européennes communes et le budget européen.

d'accord sur les finalités de l'Europe, car ces dix-huit derniers mois ont montré qu'il y avait des divergences profondes sur ce qu'on voulait faire de cette Europe. Et, là-dessus, je ne partage pas l'optimisme de M. Gaston Thorn quand il dit, d'une phrase, que l'élargissement et l'approfondissement peuvent être menés de pair d'une manière simple. Non. L'élargissement est nécessaire politiquement. C'est notre devoir envers ces jeunes démocraties. Mais l'élargissement ne va pas de soi avec l'approfondissement de la Communauté. Déjà nous avons mal digéré le passage de Six à Neuf. Que serait-ce à Douze ? Et nous devons honnêtement, franchement réfléchir sur les conséquences de cet élargissement, et ne pas nous en tirer par des mots qui sont plus du *wishful thinking* que l'annonce d'une solution.

Enfin, il faut que nous nous mettions d'accord sur des règles du jeu. Car nous ne pouvons pas continuer comme nous l'avons fait depuis deux ans à dire d'un côté « l'Europe, l'Europe ! » et d'un autre côté à avoir des comportements qui tendent de plus en plus vers le repli sur soi et le nationalisme. Cela est incompatible. […]

Sur cette solidarité, qui devrait être la règle d'or de ces règles du jeu, je voudrais quand même ajouter un commentaire : il y a la solidarité voulue, c'est-à-dire celle qui devrait permettre de renforcer le ciment de l'Europe, celle qui devrait permettre à tous les Européens de se sentir chez eux en Europe, plus solidaires. Mais il y a une solidarité plus élémentaire, que l'on oublie : c'est la solidarité de fait. Chaque fois qu'un pays prend une décision économique, financière qui est contraire à la logique de l'Europe, il détruit un peu de cette Europe, il l'empêche de progresser. Ce n'est pas moi qui le dis, c'est un document de la Commission sur la politique économique et l'énergie. Notre solidarité, elle est de fait, et la récession qui, actuellement, atteint toute l'Europe, aggravant dangereusement le problème du chômage, même s'il n'y a pas encore d'explosion sociale, cette récession, par accumulation de surenchères dans les politiques récessionnistes, est le plus bel exemple de cette solidarité de fait. Autrement dit, avant de prononcer de belles paroles sur une solidarité idéale, commençons par prendre attention à cette interdépendance réelle et concrète.

Pour nous qui depuis dix-huit mois avons été élus au suffrage universel, il n'y a qu'un point essentiel : c'est redonner l'espoir, c'est inverser le cours des choses. Actuellement, l'Europe rencontre l'indifférence et le scepticisme. Les gouvernements ont une tendance à se replier sur eux-mêmes, bien plus que cela a été dit hier. Il serait facile pour certains de considérer l'Europe comme le bouc émissaire, comme la cause de leurs erreurs et de leurs propres fautes. Il faut changer cela, il faut donc que, dans l'année 1981, d'une manière ou d'une autre, on inverse le cours des choses, de façon à redonner l'espoir. Et de ce point de vue, je crois que trois points méritent notre attention, car je ne m'attarderai pas sur le programme qui est en annexe du discours de M. Gaston Thorn : il comprend tous les chapitres, mais si je devais reprendre l'expression de Mendès France et dire « gouverner, c'est choisir », il y a trois objectifs qui me paraîtraient essentiels : l'autonomie de la Communauté, la lutte contre le chômage et le redressement industriel.

Se donner les moyens d'exercer ses responsabilités mondiales

L'autonomie de la Communauté, tout d'abord : comment parler de Communauté si celle-ci est incapable de s'exprimer d'une seule voix dans les grands enjeux et dans les grandes discussions mondiales ? Cela n'est pas possible, et il y a eu un exemple désastreux ces derniers mois : en octobre le Conseil des ministres s'est réuni pour définir une attitude à l'égard du Japon. Eh bien, cela traîne encore. Bien plus, le jour où le directeur des relations commerciales extérieures de la Communauté revenait bredouille du Japon, un des pays annonçait avec fierté un investissement japonais chez lui. Je n'ai rien contre les investissements japonais en Europe, mais la coïncidence des faits est un symbole de l'égocentrisme et du refus d'accepter la solidarité de fait. Encore une fois, il ne s'agit pas d'abstractions mais de faits. Si dans les douze mois qui viennent nous ne pouvons pas parler un langage clair vis-à-vis du Japon et des États-Unis, alors, ce n'est pas la peine de parler de « Communauté ». Parlons d'un ensemble, parlons d'une union vague, d'une organisation, mais ne parlons plus d'une communauté. Aux Japonais, le langage à tenir est simple. Puisque le Japon est devenu une grande puissance, il doit accepter les droits et les devoirs d'une grande puissance. Autrement dit, il doit ouvrir ses marchés à l'extérieur. On ne peut pas jouer un rôle, avoir une responsabilité mondiale sans accepter la contrepartie de ses droits et de ses avantages, c'est-à-dire ses devoirs. Tant du point de vue de la politique commerciale que de la politique monétaire, le Japon doit accomplir ses devoirs, sinon cela veut dire que, comme en 1929-1935, il fait cavalier seul, il reste un outsider. Nous devrions alors en tirer les conséquences. Ou bien le Japon fait partie de la communauté mondiale, et il assume son rôle au niveau de richesse et de puissance qui est le sien, ou bien il se met à l'écart des règles du jeu.

Le même raisonnement vaut pour les États-Unis. Que signifie une politique fondée uniquement sur la hausse des taux d'intérêt, et qui se moque éperdument des conséquences de ces hausses, jusqu'à 20 %, sur le reste du monde ? Est-ce qu'un pays qui prétend au leadership, partagé avec l'URSS, sur le monde, peut se permettre cela ? Est-ce que la Communauté peut tolérer longtemps, peut se résigner à ces flambées de taux d'intérêt qui mettent en cause les éléments essentiels et aggravent la récession dans nos pays ?

Jusqu'à quand l'Allemagne fédérale et l'Europe accepteront-elles de payer, par des centaines de milliers de chômeurs de plus, une politique américaine qui ne donne aucun résultat valable ni sur le plan de l'inflation, ni sur le plan de la reconstitution d'un ordre monétaire et économique mondial ? Il ne s'agit pas d'un égocentrisme européen. Il faut que l'Europe parle d'une seule voix pour faire face à ses responsabilités mondiales. C'est bien de s'occuper du Moyen-Orient, c'est bien de présenter des résolutions à ce propos, c'est bien de parler du dialogue Nord-Sud, de verser des larmes de crocodile sur les pays en voie de développement. Mais si nous ne tenons pas un langage ferme à ceux qui sont prospères, et qui détiennent entre leurs mains les clés d'une partie du destin du monde, alors ce n'est pas la peine d'en parler. Nous devons commencer par balayer devant notre porte, nous mettre d'accord, et parler d'une seule voix. C'est cela l'autonomie de l'Europe. Ce n'est pas le repli sur soi, ce n'est pas le protectionnisme, c'est se donner les moyens d'exercer ses responsabilités mondiales. Et c'est à cela que je jugerai, pour ma part, l'action du Conseil des ministres et de la Commission.

Emprunts communautaires

La deuxième priorité, c'est la lutte contre le chômage. Je ne réponds jamais à un journaliste, quand il me pose la question : « À partir de quel moment le chômage devient-il explosif ? » Je constate simplement qu'au niveau de chômage atteint en Europe tout est miné : l'égalité des chances, les conquêtes sociales, la valorisation du travail, le goût d'innover. C'est le mal le plus pervers qui puisse frapper nos pays et qui fera que dans vingt ans nous serons tous des puissances de second ordre. Et quand je dis « des puissances », j'exagère, nous serons tous relégués au rang de sujets. Même si nous ne pouvons pas, dans les deux ans, appliquer de remède miracle, au moins devons-nous inverser le cours des choses. Or nous en avons les moyens. Que s'est-il passé depuis deux ans ? Je plaide – et il n'y a pas que moi, s'il n'y avait que moi, cela n'aurait aucun intérêt –, je plaide pour que nous ne nous lancions pas dans une escalade infernale de politiques récessionnistes. Je n'ai pas été écouté ; nous n'avons pas été écoutés. Il n'y a pas eu d'emprunts communautaires, il n'y a pas eu d'éléments pour obtenir un minimum d'activités. Le résultat : nous avons toujours l'inflation, le déficit du commerce extérieur et 2 millions de chômeurs de plus. C'est le constat de la faillite totale de politiques menées chacun pour soi, c'est le constat de notre désordre intellectuel qui nous fait croire à la seule arme monétaire pour résoudre nos problèmes. Quand comprendrons-nous que cela n'est pas possible ? Le résultat, c'est que les plus malades s'enfoncent dans leurs maladies et que les pays les plus épargnés sont à leur tour malades.

Par rapport à cette évolution funeste, j'avais bien accueilli, pour ma part, la suggestion du gouvernement hollandais au dernier Conseil européen, celle de réunir ce qu'on appelle, je ne sais pas pourquoi, la « jumbo conférence ». Je l'avais interprétée comme un effort exceptionnel, un acte de volonté politique, une concertation sur quelques points qui permettraient d'inverser le cours des choses, de dire : « Non, l'accroissement du chômage n'est pas fatal, non, l'augmentation des inégalités liée au chômage n'est pas inéluctable, non, l'érosion des avantages sociaux acquis n'est pas fatale. Nous prenons le taureau par les cornes, nous lançons quelques actions qui changent la tendance. » Tout le monde sait que, pour revenir au plein-emploi, il faudrait, avec la meilleure politique du monde, cinq à dix ans. Mais au moins que l'on commence ! Je pense déjà à l'élection au suffrage universel de la prochaine assemblée. Je n'aurais pas quant à moi le courage, franchement, dans l'état actuel des choses, d'aller devant les électeurs plaider pour l'Europe. C'est impossible. C'est impensable, tant nous sommes incapables d'inverser, fût-ce modestement, le cours des choses. C'est pour cela, je crois, que cette conférence doit avoir lieu. Elle doit être soigneusement préparée, bien sûr. À quoi bon une conférence de plus, si c'est pour rien ? Mais en ce qui concerne le partage du travail, la création d'emplois d'utilité collective, le redressement industriel, une action vigoureuse sur l'offre de production, une prise en compte pleine et entière de la nouvelle révolution industrielle, l'Europe peut saisir sa chance et peut faire cette année quelques pas qui amélioreront le climat et la tendance. C'est cela, redonner l'espoir.

Coopération industrielle

Et enfin, car l'emploi est lié à cela : la coopération industrielle. C'est le symbole de l'autonomie de l'Europe. De quoi s'agit-il quand nous parlons de coopération industrielle ? Il s'agit d'une idée qui est tellement simple que j'ose à peine la formuler. Nous n'avons plus, chacun au niveau de notre État, la dimension suffisante pour répondre au double défi de la mondialisation de l'économie et de la nouvelle révolution industrielle. Aujourd'hui, les normes de production, les grandes innovations, les grands défis se jouent dans des ensembles de 300 à 400 millions de consommateurs. Le Japon a un immense marché de sous-traitance dont il joue à plaisir. Il a des débouchés. Les Américains ont 300 millions de consommateurs. C'est sur ces marchés-là que se constituent les forces pour ensuite exporter. C'est sur ces marchés que se font les sélections pour permettre d'appréhender avec succès la nouvelle révolution industrielle. Que demandons-nous ? Chaque fois que l'action européenne a un effet multiplicateur sur des efforts nationaux et des efforts des entreprises, il doit être entrepris, au-delà de tout dogme – il ne s'agit pas de dirigisme ou de libéralisme, il s'agit de prendre acte que dans chacun de nos pays, les États interviennent. Chaque fois que l'action commence, la coopération au niveau européen est une réponse valable, il faut y recourir d'une manière pragmatique, et ce dès cette année. Il y a un test important, je le répète, c'est l'automobile. Si rien ne se passe, alors rien ne sera possible.

Sans doute le mal le plus profond, et je terminerai par-là, dont souffre l'Europe ce sont la résignation et l'indifférence.

Ce que j'attendais, ce que j'attends, ce sont quelques actions prioritaires, bien préparées, concertées, ce qui exige de la Commission une sélection rigoureuse des propositions qu'elle formule, puis réalise. Il faut sélectionner ces actions, et ce sont en priorité celles qui à mon avis auraient dû figurer dans le discours du président de la Commission.

Ce sont ces quelques actions prioritaires que nous attendons. Si elles sont entreprises, alors nous redonnerons l'espoir à l'Europe. Alors, l'ambiance délétère disparaîtra. Et puisque tout le monde a terminé par une citation, permettez-moi d'en emprunter une à Emmanuel Mounier. Il disait : « Un rocher bien placé peut déplacer le cours du fleuve. »

Agriculture et développement rural

« L'Europe doit demeurer une puissance verte[1] »

Je voudrais engager avec vous, m'exprimant en mon nom personnel, un double débat : un débat sur le monde rural et un débat sur l'avenir de l'agriculture européenne.

Je reviendrai d'abord aux idées essentielles qui ont inspiré la proposition de la Commission adoptée par le Conseil européen en février 1988, ce que l'on a appelé le « paquet Delors ». Puis, j'aborderai la question du développement rural : où en sommes-nous, que voulons-nous ? Enfin, je reviendrai à la politique agricole commune pour souligner les deux dimensions nouvelles qu'elle doit intégrer : celle de l'interdépendance mondiale ; celle de la cohésion économique et sociale.

---

1. Intervention aux Assises européennes du monde rural, Bruxelles, 6 novembre 1990.

Production et paysage

Il faut d'abord revenir à ces idées simples puisées dans notre mémoire comme dans notre tradition. On pense alors production et paysage. Le mot « production » est associé au mot « agriculteur » ; le mot « paysage » est associé au mot « paysan ». L'idée n'est pas nouvelle : elle chemine tout au long de notre histoire et de notre littérature.

Ces deux thèmes, production et paysage, correspondent selon moi aux deux fonctions qu'ont toujours assumées les agriculteurs : ils sont à la fois producteurs et paysans.

J'y insiste aujourd'hui parce qu'une période s'achève. Pour paraphraser Fernand Braudel, nous venons de vivre un grand chambardement de l'Europe paysanne. Cette période a été marquée par la lutte contre l'insuffisance, côté production, et par l'utilisation intensive de la nature, côté paysage. Cette période doit se terminer. À poursuivre sur cette voie et à ce rythme, il n'y aura plus de paysage ; il n'y aura que de la production. Deux millions d'agriculteurs, au lieu de 9 millions aujourd'hui, pourraient demain nourrir l'Europe entière, si l'on en croit les pronostics des techniciens. Est-ce cela que nous voulons ? Il faut changer notre comportement. Ces périls sont devenus trop grands.

Du côté de la production d'abord. Prenons un seul exemple d'actualité. Vous êtes tous favorables, en tant que citoyens, à l'accès des pays de l'Europe de l'Est et de l'Union soviétique à la démocratie, à la modernisation de leur économie. Mais en acceptons-nous les conséquences pour le marché mondial des céréales et pour la concurrence dans le secteur de l'élevage ?

Comment maîtriser cette surproduction potentielle d'ici une dizaine d'années ? Notre comportement actuel n'est pas cohérent. Cela signifie que nous refusons l'interdépendance mondiale. Nous ouvrons bien de temps à autre une petite fenêtre ; quand on l'ouvre, comme on l'a fait pour les Hongrois récemment, que de cris et d'alarmes pour quelques milliers de tonnes de bétail importées ! Regardons-nous en face : nous n'avons pas encore vraiment accepté la logique de l'interdépendance. Cela ne pourra pas durer.

Du côté des paysages ensuite, c'est la désertification et c'est la mauvaise friche. J'aime bien cette formule de Michel Deville[1] : « Une terre abandonnée par l'agriculture n'a rien d'un aimable parc dans lequel il fait bon déambuler. Tout au plus les friches pourraient-elles procurer aux émules de Rambo une jungle de climat tempéré propice à leurs exploits de baroudeurs, machette à la main. » Il exagère, certes. Dans mon enfance paysanne, la friche avait déjà sa place. Ces espaces incultes et mystérieux nous effrayaient parfois ; mais ils étaient dûment surveillés et contrôlés.

La friche de demain, ce sera autre chose. Aux effrois de ma jeunesse s'ajouteront les atteintes à l'environnement et à l'équilibre de la nature. Une partie de cette friche moderne tentera les constructeurs d'autoroutes et les promoteurs d'émotions touristiques attirés par la sensation du désert. Mais, à part cela, les calculs sont clairs : si nous continuons à ce rythme, un tiers de la terre actuellement cultivée sera transformée en friche, ce tiers s'ajoutant à déjà un autre tiers. Est-ce cela que nous voulons ?

À plus brève échéance, nous ne pouvons plus ignorer la pollution de l'eau et de l'air qui découle d'une intensification aveugle. Il m'est arrivé d'égratigner le ministre français

1. Cinéaste français (1931-2023).

de l'Environnement pour ses critiques à l'encontre des agriculteurs. Car l'agriculture ultra-intensive ne sévit pas qu'en France. Mais qui peut nier l'existence d'un lien entre pollution et intensification, dans l'état de nos technologies ?

Surproduction non maîtrisée, interdépendance en réalité refusée, désertification, mauvaise friche, pollution. Ce ne sont pas des problèmes techniques mais des questions de société. Que dire, en effet, de ces communes rurales où vivront moins de 200 habitants dont plus de la moitié aura plus de 70 ans ? Qui va financer ces budgets communaux consacrés à l'assistance et aux loisirs des personnes âgées ? Les citadins paieront-ils pour leurs grands-parents ruraux ? Et quel gâchis pour nos sociétés dont l'avenir se joue – démographes et sociologues nous le répètent – dans la rencontre entre les générations, dans la complémentarité des âges !

Déséquilibre entre monde urbain et monde rural ; déséquilibre entre les différentes régions du monde rural ; déséquilibre entre les générations. L'avenir du monde rural engage plus que lui-même : il engage la société tout entière. C'est pour moi et pour vous un défi intellectuel, un défi à l'intelligence, autant qu'un rôle politique.

Le développement rural, un bien collectif

C'est dans ce contexte qu'il faut approcher les initiatives prises par la Commission en faveur du développement rural. Je les rappellerai d'abord brièvement. J'approfondirai ensuite le concept de développement rural. Il s'agit en effet d'un véritable bien collectif. Je vous proposerai ensuite des pistes pour notre action et notre réflexion communes.

Parmi les cinq objectifs sur lesquels se concentrent désormais les politiques structurelles de la Communauté, deux concourent directement à promouvoir le monde rural.

L'objectif numéro un d'abord est consacré aux régions de la Communauté en retard de développement. Il couvre 38 % du territoire, 21 % de la population de la Communauté. Nous lui consacrerons 36 milliards d'ECUS pendant cinq ans. La prise de conscience dans les pays du Sud de l'importance du développement rural est encore récente. C'est pourquoi j'ai tant insisté pour que dans le cadre de l'objectif numéro un [de la politique agricole commune], de loin le mieux doté en ressources, la dimension du développement rural soit bien prise en compte.

En second lieu, un autre objectif est spécifiquement consacré au développement rural dans les autres régions de la Communauté. Il couvre 17 % du territoire et 5 % de la population. Nous avons pu lui affecter 2 milliards 600 millions d'ECUS sur cinq ans. Certes, ce n'est encore qu'un début. Mais il a valeur de signal pour l'avenir. La réussite des programmes correspondants sera un élément important pour le destin du monde rural, pour la prise de conscience des enjeux qui lui sont liés.

De quels enjeux s'agit-il ? Qu'est-ce au juste que le développement rural ? Je vous propose d'approfondir notre réflexion à partir de deux considérations inséparables :

– le développement rural fait partie des biens collectifs qui répondent à des besoins globaux et essentiels de nos sociétés ;

– ce bien collectif ne peut être assuré sans la participation des agriculteurs.

Le développement rural est un bien collectif, fondamentalement associé à l'aménagement du territoire. Il exige une pensée nouvelle tournant le dos aux modes d'aujourd'hui. Pour parler clair, le marché est incapable à lui seul de délivrer les signes qui permettront de prendre en charge le développement rural.

Permettez-moi ici une considération plus large sur l'économie de marché. Bien sûr, il fallait que les Douze suppriment les obstacles multiples aux échanges. Le Livre blanc du grand marché intérieur demeure un élément essentiel de notre dynamisme économique et social. Mais cela ne signifie pas pour autant que le seul jeu du marché puisse prendre en charge tous les besoins économiques et sociaux d'une société. Le marché ne peut prendre en charge ce que l'on nomme les biens collectifs, c'est-à-dire les biens indivisibles auxquels on ne peut accéder que collectivement.

Dans nos sociétés contemporaines, la perception de l'utilité des biens collectifs a décliné. Cette indifférence – certains diront cette négligence – tient en partie à la mode qui favorise l'idée de marché. Mais elle trouve aussi largement son origine dans nos instruments de mesure. Ils ne montrent rien aux citoyens de ce qui se vend ou s'achète. Le temps perdu dans les embouteillages, la pollution croissante de nos villes, par exemple, ne se traduisent pas en diminution de la richesse nationale ; au contraire, le fameux produit national brut additionne indifféremment toutes les consommations d'énergie. Pour changer nos modes de vie et répondre à des besoins collectifs, nous avons besoin de rendre visibles les effets de ces gaspillages, de ces atteintes au cadre de vie.

Il en va de même pour le développement rural. On ne peut trouver meilleur exemple de bien collectif : son existence conditionne la vie des citadins comme celle des ruraux ; sa négligence les affecterait tous ensemble. À travers ses programmes, encore trop modestes, en faveur du développement rural, la Communauté européenne rend visible, à l'opinion publique et aux responsables de l'aménagement du territoire, un trésor caché.

Certes, ici comme dans tous les domaines de l'action communautaire, il faut prendre en compte la diversité des besoins et des sensibilités. En Allemagne et en Italie, au Royaume-Uni et en France, la ruralité se vit et s'exprime différemment. Mais ce ne peut être une excuse à la passivité.

Il serait trop facile de s'abriter derrière la diversité pour s'en remettre aux seules autorités locales. Le mouvement par le bas ne peut pas exister s'il n'y a pas une volonté politique exprimée d'en haut, une compréhension de l'ensemble de la collectivité à l'égard de ces problèmes.

Pas de développement rural sans agriculture

La collectivité – nationale et communautaire – doit en particulier se convaincre qu'il n'y aura pas de développement rural sans agriculture.

C'était ma conviction personnelle et intuitive. Entre-temps, nos observations se sont approfondies. La présence de l'activité agricole n'est certes pas une condition suffisante pour le développement des régions rurales, mais elle demeure une condition nécessaire. On peut certes trouver des exceptions localisées à cette règle. Elles n'infirment pas la constatation d'une relation irremplaçable de territorialité, je n'ose dire de terroir, entre le sol et l'homme qui en retire sa subsistance.

Nous voici donc motivés par les enjeux du développement rural. L'action ne va pas cependant sans une analyse préalable des faits. Pour moi, quitte à simplifier à l'excès, cela signifie qu'il faut respecter la distinction entre trois catégories de zones rurales :

– il y a le rural qui bénéficie d'une proximité urbaine, où les activités agricoles et para-agricoles trouvent spontanément à se développer ;
– il y a à l'opposé le rural profond, celui qui ne peut plus espérer un développement auto-entretenu, ayant perdu au cours des dernières années trop de commerces privés et de services publics, ayant vu partir trop de jeunes et de femmes ;
– enfin, il y a les zones intermédiaires qui se trouvent à la charnière, et dans lesquelles il suffira de peu de chose pour que les activités agricoles basculent vers le déclin ou trouvent un nouveau souffle.

Ayant reconnu cette diversité, pouvons-nous commencer à être utiles ? Pas encore. Il faut se laisser guider par la philosophie de la cohésion économique et sociale, cette philosophie à laquelle l'Acte unique européen a consacré un chapitre nouveau. La cohésion économique et sociale est un principe qui justifie la solidarité de la part de la Communauté partout où se trouve une volonté de surmonter un handicap structurel, partout où l'inégalité des chances rencontre la résistance d'une volonté locale de développement.

Sur ces deux bases – la prise en compte de la diversité du monde rural, la solidarité communautaire –, nous pouvons réfléchir à l'amélioration de notre action pour le développement rural, qu'elle porte sur les règlements, les dispositions institutionnelles ou sur la qualité même de nos instruments.

Les règlements actuels reposent sur des critères et sur des circonscriptions géographiques contraignantes, les fameuses « NUTS ». Ces corsets étaient peut-être nécessaires pour rassurer les États membres inquiets quant à l'équité de la répartition des fonds. Mais pour peu que les gouvernements reconnaissent à la Commission le droit à l'erreur, nous pourrions améliorer ces dispositions. Ainsi éviterait-on les découpages trop arbitraires parfois sur le terrain entre zones éligibles et zones exclues.

Implication des organisations socioprofessionnelles

En second lieu, il faut adapter nos règles institutionnelles de participation. Nos procédures sont encore trop formelles ; elles ne collent pas assez au terrain. Soit les découpages administratifs sont désuets ; on est ramené au problème précédent. Soit la coopération avec les autorités publiques s'accomplit, au détriment de la concertation, avec les organisations professionnelles au plan local. Or les deux sont nécessaires. La rapidité de mise en œuvre nous a obligés à privilégier la coopération avec les administrations publiques. Il faudra, à l'avenir, trouver des solutions imaginatives pour l'implication véritable des organisations socioprofessionnelles. J'y suis très attaché. Quitte à provoquer la critique des autorités nationales, et à en débattre avec elles.

Enfin, l'expérience acquise doit nous permettre de mieux cibler nos actions, d'affiner nos instruments. Je pense en particulier aux nombreuses questions pratiques soulevées au cours de ces assises :

• Sur le maintien des services publics : doit-on soutenir le réseau des services publics tel quel, ou peut-on attendre de certains progrès techniques, en matière de télécommunication par exemple, un réseau de prestations plus étendu au moindre coût ?

• Sur les entreprises familiales : quelles sont aujourd'hui les forces et faiblesses des petites entreprises en milieu rural ? En quoi les changements techniques dans l'organisation rurale et industrielle et agricole leur sont-ils favorables ?

• Sur les jeunes : comment éviter qu'ils ne trouvent systématiquement avantage à étudier dans les grands centres urbains et comment les attirer à nouveau ?

• Sur les femmes : quelles activités nouvelles compatibles avec la vie agricole peut-on leur offrir en milieu rural ?

Toutes ces questions pourraient être ordonnées autour d'une recherche principale, celle de la définition de nouveaux pôles de développement pour le monde rural. Désormais, il est de plus en plus difficile à une commune isolée, comptant moins de 2 000 habitants, d'attirer à elle une entreprise industrielle ou artisanale. La notion de pôle de développement n'implique-t-elle pas alors des regroupements, des associations conçues en fonction d'un objectif de développement commun ? Ici encore, le défi est intellectuel autant que politique. À nous de le relever ensemble.

L'occasion nous en sera bientôt donnée. Aujourd'hui, il est trop tôt pour faire le bilan de ces initiatives. Mais au début de 1992, après deux années d'expérience, en liaison avec l'ensemble des organisations socioprofessionnelles, agricoles, patronales et syndicales, nous ferons une évaluation et en tirerons les conséquences pour l'avenir.

Puissance verte

Le développement rural est une clé de l'avenir de nos sociétés. Or il n'y aura pas de développement rural sans agriculteurs. Cela nous invite à regarder dans toute sa profondeur la question de la politique agricole commune, et pas seulement au feu brûlant de l'actualité.

Il faut d'abord être au clair sur les principes ou paramètres de base de la politique agricole commune. Je m'exprimerai ici, une fois encore, en mon nom personnel.

En premier lieu, l'Europe est et doit demeurer une puissance verte. J'ai évoqué pour commencer les nouveaux compétiteurs et la tentation d'un protectionnisme européen. Mais un point doit être clair, puisque maintenant circulent des plans de réforme de la politique agricole commune : je refuse l'hypothèse selon laquelle la Communauté renoncerait à exporter, en échange de la liberté de faire à l'intérieur ce que bon lui semble.

[...] Je ne vois pas au nom de quoi la Communauté devrait renoncer à être une puissance verte alors que d'autres le seraient. Cette perspective est inacceptable. Pas simplement du point de vue de tel ou tel pays, elle est inacceptable pour la Communauté, inacceptable en raison des prolongements que l'on ne soupçonne pas de l'activité agricole demain, par exemple vers les usages industriels.

Que cela soit dit clairement d'abord à nos partenaires dans la négociation du GATT, Américains ou membres du groupe de Cairns, dont nous n'avons d'ailleurs aucune leçon de libre-échangisme à recevoir. Mais que cela soit dit aussi clairement entre les douze pays membres de la Communauté. Sinon, nous irions vers une crise grave.

En second lieu, il faut maintenir l'équilibre du triangle de base de la politique agricole : solidarité financière – unité du marché – préférence communautaire.

Maintenir l'équilibre ne peut signifier conserver en l'état. Ainsi, la préférence communautaire pourra-t-elle être assurée en permanence au niveau actuel ? Ne nous faisons pas d'illusion à ce sujet.

Quant à la solidarité financière, elle devra s'appliquer davantage non seulement entre les différents types d'exploitation, mais aussi entre les régions. Je pose une question à la profession agricole : accepte-t-elle de discuter d'une politique agricole commune qui serait fondée sur ces trois principes mais qui accepterait plus de solidarité entre les différents types d'exploitation comme entre les régions, oui ou non ? La balle n'est pas seulement dans mon camp, elle est aussi dans le vôtre. Si la profession agricole refuse de répondre à cette question en voulant maintenir tels quels les principes sacrés de la politique agricole des années 1960, l'Europe dans vingt-cinq ans ne comptera plus que 3 millions d'agriculteurs.

Voilà, je crois, les bases sur lesquelles il faut s'expliquer franchement si on veut pouvoir réfléchir et travailler. Sur ces bases, il faut intégrer deux éléments nouveaux, l'un économique et l'autre social.

S'ouvrir davantage à l'interdépendance mondiale

Prendre en compte l'interdépendance mondiale, c'est d'abord considérer les besoins de développement de quatre cinquièmes de l'humanité. Cela veut dire tout autre chose que d'assumer la charge de les nourrir. Les pays en développement doivent pouvoir faire croître leur agriculture, assurer l'équilibre de leurs besoins alimentaires. Ce qui veut dire aussi pouvoir exporter. Comment leur refuser ce que nous exigeons pour nous-mêmes ?

Or, contrairement à ce qu'une analyse malthusienne peut suggérer, non seulement nous pouvons aider les pays en voie de développement à atteindre cette forme d'autosuffisance, mais encore ça ne diminue pas nos potentialités d'exportation étant donné la complémentarité des spécialisations lorsque les niveaux de vie s'accroissent.

Tout doit être fait pour sortir de l'impasse absurde où nous sommes engagés. Les uns préconisent la fuite en avant de nos exportations pour nourrir le tiers-monde. Les autres crient au scandale lorsque nous apportons l'aide alimentaire d'urgence minimale. Le bon sens paraît déserter nos propres instances délibératives, fermées sur leurs objectifs particuliers. Mais au total, c'est l'image de la Communauté, l'image de l'agriculture européenne qui en pâtit, alors même qu'elle œuvre pour le bien commun. Il nous faut renouer, sur des bases neuves, le dialogue avec les pays en voie de développement. Vous n'ignorez pas qu'actuellement, au sein du GATT, les États-Unis ont mobilisé contre la Communauté européenne une majorité de pays en voie de développement.

Prendre en compte l'interdépendance, cela veut dire aussi situer l'agriculture à sa place dans une négociation d'ensemble. L'agriculture doit être défendue comme je viens de le dire ; mais elle n'est qu'un élément de la négociation du GATT. Le sort de nos pays dépend aussi des autres sujets de la négociation que la Communauté se doit d'aborder sans angélisme : la propriété intellectuelle – chaque année on nous emprunte nos marques, on les utilise d'une manière abusive, cela nous coûte des milliards d'ECUS –, nos exportations en matière de services sont un peu supérieures à 100 milliards d'ECUS alors que nos exportations de produits industriels sont de plus de 300 milliards d'ECUS et nos exportations agricoles, faut-il le rappeler, de l'ordre de 35 milliards. Bref, nous avons des intérêts à défendre. Les agriculteurs doivent être au mieux de ces intérêts, mais au coude à coude avec les autres professions et en pensant aux intérêts généraux de la Communauté, qui abordera d'ailleurs cette négociation sans angélisme.

Nous devons agir en fonction de l'ensemble des intérêts de la Communauté. Parmi ceux-ci, il y a les intérêts de l'agriculture. La profession agricole peut-elle l'admettre ? Si elle ne pouvait l'admettre, alors elle donnerait des arguments à nos adversaires pour lesquels il n'y a qu'un véritable problème, le problème agricole.

Intégrer la cohésion économique et sociale à la PAC

L'impératif de l'interdépendance nous ouvre au monde extérieur. Celui de la cohésion économique et sociale doit nous ouvrir à nous-mêmes, à ce que nous sommes devenus.

Je vous ai dit ce qu'était la philosophie de la cohésion économique et sociale : une manière, pour la Communauté, de se montrer solidaire des zones rurales où des agriculteurs font l'effort de moderniser et d'adapter leurs exploitations malgré les handicaps structurels. J'ai souligné que cette solidarité n'était pas à sens unique : par leur travail, pour cet effort, les agriculteurs de ces régions contribuent à maintenir ce bien collectif qu'est le développement rural.

Mais aujourd'hui, les périls qui nous menacent sont si importants que l'on ne peut plus se contenter d'expédients. Il faut pleinement intégrer la dimension de la cohésion économique et sociale à la politique agricole commune, cela veut dire définir des mesures, établir des garanties, qui permettent à de jeunes agriculteurs – tels ceux que j'ai rencontrés il y a peu au Pays basque – de se maintenir, d'avoir une confiance durable dans l'avenir de leur installation, au-delà des primes initiales.

Si l'on est d'accord sur cela, alors on doit bien reconnaître que ces agriculteurs remplissent et rempliront durablement deux fonctions : une activité de production d'une part, une activité vitale pour le développement rural d'autre part.

J'ai bien dit et je souligne : deux fonctions simultanément. Je n'envisage pas de vous proposer des agriculteurs transformés en paysagistes, en jardiniers de la nature. Je songe à des hommes et à des femmes utilisant des méthodes modernes, qui seront à la fois producteurs et paysans. Ces agriculteurs devront pouvoir tirer un revenu convenable, pour eux-mêmes et leur famille, de la rétribution de ces deux activités. Autrement dit, la garantie de leur revenu devrait être établie désormais sur deux bases, l'une rattachée à la production, l'autre aux services rendus au titre du développement rural. Pour prendre une image familière, dans cette perspective, il pourrait y avoir désormais deux fonds garantis, correspondant à chacune de ces deux rémunérations.

Le premier de ces deux fonds verserait un soutien sur la base de critères objectifs liés à la production agricole, tels que la surface des exploitations, leur localisation, les spécialités d'élevage et de culture. Le second serait distribué dans le cadre de programmes centrés sur la protection de l'environnement et l'équilibre du territoire. Ces programmes seraient mis en œuvre par l'ensemble des acteurs impliqués dans le développement rural et non exclusivement par les seuls agriculteurs.

La combinaison de ces deux formes d'aide devrait nous permettre de favoriser le développement et la modernisation de l'agriculture d'une manière plus équilibrée, plus diversifiée et plus équitable.

• Plus équilibrée : la politique agricole commune doit tenir compte en fait de trois éléments que sont les prix, les débouchés et le progrès technique. Avec le seul instrument des prix ou des quantités, on aboutit bien souvent à pervertir les conséquences de ce qui devrait être un bienfait du progrès technique.

• Plus diversifiée : il faut désormais, sur une échelle plus grande qu'aujourd'hui, favoriser la recherche de la qualité et plus généralement encourager les méthodes de l'agriculture extensive. Elles peuvent constituer une variante utile à la friche, sans doute plus acceptable pour les agriculteurs qui répugnent à l'oisiveté de la terre, en dépit de la vieille tradition de l'assolement.

• Plus équitable enfin : la combinaison de ces deux formes d'aides doit permettre de mieux prendre en compte les inégalités de revenus qui découlent des tailles d'exploitation ou des handicaps structurels régionaux. C'est pourquoi je posais tout à l'heure la question d'une solidarité financière renouvelée.

J'entends cependant vos critiques et vos craintes. Essayons d'y répondre.

Aides au revenu

Vos critiques d'abord. Les aides non directement liées à la production ne seraient que de l'assistance, de la mendicité, une manière déguisée d'organiser un revenu minimum pour agriculteurs insuffisamment productifs. Mes détracteurs doivent pourtant se rendre à deux évidences :

- Aujourd'hui, le « comment produire » importe autant que le « combien produire ». La rémunération de la production agricole doit reconnaître et encourager les bienfaits attachés à des méthodes de production plus respectueuses de nos ressources naturelles que sont l'air, l'eau et le sol.
- Si le développement rural est un bien collectif, un service rendu à la collectivité, alors son accomplissement mérite, comme toute peine, un salaire.

Vos craintes ensuite. Aujourd'hui des aides structurelles ; mais demain, quelle garantie pour le revenu des jeunes qui prennent la succession ?

À cela, je répondrai d'abord : quelles garanties nous offre à moyen terme la politique actuelle, objet de critiques de plus en plus nombreuses ?

Mais surtout, dans mon esprit, les aides nouvelles, déléguées à des facteurs objectifs ou accordées dans le cadre de programmes, devraient figurer dans un contrat moral et politique au cœur de la nouvelle politique agricole commune. Elles devraient être assorties des mêmes garanties que celles qu'offrait l'actuelle politique des prix. Il faudra donc que le budget communautaire comporte des éléments d'impact politique permettant aux organisations professionnelles agricoles de juger sur pièces et d'accepter ou non le nouveau contrat établi entre la Communauté et l'agriculture européenne. Un contrat qui reconnaîtra, je le répète, le double visage de l'agriculteur producteur et paysan. [...]

Enfin, dernier élément de cette réflexion, il faut un encadrement strict des aides nationales. Je le souligne devant un auditoire européen. La nouvelle politique agricole commune à laquelle je pense personnellement – encore une fois, je ne m'exprime ici qu'en mon nom propre – serait incompatible avec l'ignorance des aides nationales. Venant en complément des aides communautaires, elles pourraient être, si l'on n'y prend garde, une source d'inégalités, un facteur de distorsion de la concurrence. Rappelons-nous que dans certains pays, les aides nationales représentent déjà jusqu'à 75 % des aides communautaires, et 25 % seulement dans d'autres pays.

Revenons aux sources de la politique agricole commune, c'est-à-dire à l'article 39 du traité de Rome. Je le cite et cela me servira de conclusion :

« Dans l'élaboration de la politique agricole commune et les méthodes spéciales qu'elle peut appliquer, il sera tenu compte du caractère particulier de l'activité agricole découlant de la structure sociale de l'agriculture et des disparités structurelles et naturelles entre les diverses régions agricoles, de la nécessité d'opérer graduellement les ajustements opportuns du fait que, dans les États membres, l'agriculture constitue un secteur intimement lié à l'ensemble de l'économie. »

Chacune de ces phrases mérite d'être méditée, pour que nous mesurions mieux leur actualité et les conditions auxquelles leur pertinence peut être préservée : « tenir compte de la structure sociale de l'agriculture et des disparités structurelles et naturelles entre les diverses régions agricoles ». Je me suis efforcé de vous montrer qu'il n'était plus possible d'être attaché aux principes de base de la politique agricole sans admettre une solidarité financière sensiblement accrue. La profession agricole doit y prendre sa part. Mais la Communauté européenne tout entière s'y attache, dans la philosophie de la cohérence économique et sociale, en reconnaissant mieux le service rendu par le développement rural à la continuité humaine du territoire.

Conjurer l'isolement des agriculteurs dans la société

« L'agriculture constitue un secteur intimement lié à l'ensemble de l'économie » : que cette évidence technique se transforme en évidence sociale. L'un des dangers qui nous menacent, qui doit être absolument conjuré, c'est l'isolement des agriculteurs dans la société. Il faut chasser de nos sociétés l'idée selon laquelle les agriculteurs sont une catégorie à part qu'il faut bien supporter.

Si vous estimez, après m'avoir écouté, que la politique actuelle peut continuer sur sa lancée, alors notre rencontre aura été inutile. En prenant mes responsabilités, j'affirme cependant que, même en l'absence des pressions américaines ou de celles du groupe de Cairns, le maintien de la politique actuelle pendant encore cinq ans conduirait à des résultats que vous regretteriez.

À supposer que sur les bases actuelles, nous obtenions gain de cause dans les négociations internationales, notre politique aggravera de plus en plus les désordres du territoire et n'empêchera pas le départ des agriculteurs. J'en suis convaincu. Les mesures budgétaires que nous devrons prendre pour freiner la dépense, à notre seule initiative, ne feront qu'aggraver les tendances.

J'estime qu'une nouvelle politique agricole commune est aujourd'hui nécessaire, même sans les négociations du GATT, si l'on veut tout à la fois maintenir dans sa plénitude l'agriculture et réussir cet équilibre vital pour la société européenne entre le monde des villes et celui des campagnes.

Mais vous avez le droit d'être d'un avis contraire. Tel semble bien être le cas, si j'en juge d'après ce que je vois et j'entends en France. Dans ce cas, ouvrons donc le débat et élargissons-le.

Je ne veux pas en effet que le sort de l'agriculture soit fixé dans un affrontement brutal entre des thèses simplistes qui ignorent certains des éléments essentiels du problème. Je veux que les non-agriculteurs participent à ce débat et qu'ils reconnaissent ce qu'ils doivent à l'agriculture.

Si mes solutions ne sont pas bonnes, on en trouvera de meilleures. Tant mieux ! Encore faut-il qu'il y ait bien débat, qu'on n'en reste pas à une petite affaire entre la Communauté, les douze ministres de l'Agriculture et les organisations professionnelles agricoles. Ce débat devrait être celui de la nation, de nos nations. Les nations s'intéressent bien aux problèmes vitaux de l'éducation et de la santé. Pourquoi ne s'intéresseraient-elles pas à la place de l'agriculture dans la société de demain ?

Le marché unique

« Donnons-nous la force économique, technologique, financière[1] »

Une nouvelle Commission se présente devant vous, empreinte à la fois d'humilité intellectuelle et d'une grande détermination politique. Le sentiment d'humilité m'habite particulièrement. Comment, me dis-je souvent, cette Communauté, animée par des personnalités de conviction et de talent, n'a-t-elle pas fini par décoller ? Comment n'a-t-elle pu réaliser les objectifs qui sont ceux du traité et sur lesquels existait bien un consensus minimum : en un mot, réaliser une intégration économique, sociale et monétaire qui est l'indispensable support du progrès de chacune de nos nations ? Pardonnez donc cette idée banale, issue de l'expérience : les artisans de la construction européenne butent moins sur le « que faire » que sur « comment le faire ». On ne peut donc se contenter des explications maintes fois données telles que le poids paralysant de la crise, l'absence de

1. Déclaration au Parlement européen sur les orientations de la Commission, Strasbourg, 14 janvier 1985.

volonté politique ou l'inertie des administrations nationales. Il faut creuser davantage et là encore, autre lueur d'espoir, la nécessité de mieux faire fonctionner les institutions est ressentie aussi bien par le Conseil européen que par votre Parlement.

[...] N'en doutons pas. Alors que tout bouge autour de nous, alors que se renforcent les puissances d'aujourd'hui et que se font les puissances de demain, il y va de la crédibilité de l'Europe, au regard des habitants de la Communauté, au regard des grands de ce monde, au regard du tiers-monde.

Oui ou non, l'Europe veut-elle exister, veut-elle se faire respecter ?

Chacun le sait ici, puisqu'il est investi par le suffrage universel, parce qu'il se sent redevable de son action auprès des citoyens de l'Europe. Cette crédibilité doit être conquise durement. Elle dépend de la force de l'Europe, de sa force économique et financière, de son exemplarité sociale et sociétale. Je vous proposerai, à cette fin, des orientations et une méthode [...].

L'Europe féodale

Les parlementaires européens ont toujours été à l'avant-garde du combat pour l'Europe des citoyens. Ayant été membre de votre assemblée, ayant présidé une de ses commissions, chargée en particulier des problèmes de la libre circulation des personnes, des biens, des services et des capitaux, j'ai soutenu les efforts de tous ceux qui s'indignaient, à juste titre, de la persistance et de l'ampleur des obstacles. C'était, et c'est encore, aux yeux de tous ceux, personnes privées ou entreprises, une sorte d'Europe féodale qui n'offre que barrières, douanes, formalités, embarras bureaucratiques. Pour montrer l'exemple, faire éclater toutes les formes explicites ou implicites d'opposition à la libre circulation, des chefs d'État et de gouvernement ont décidé de mettre leur pouvoir dans la balance. Dès lors, est-il présomptueux d'annoncer, puis d'exécuter la décision de supprimer toutes les frontières, à l'intérieur de l'Europe, d'ici à 1992 ? Huit années pour réaliser cette suppression, c'est-à-dire le temps de deux Commissions. Nous sommes prêts, pour notre part, à y travailler, et en liaison avec le Comité sur l'Europe des citoyens.

Permettez-moi d'ores et déjà d'entrer dans les détails. Le Conseil et le Parlement ont approuvé le programme de consolidation du marché intérieur présenté par l'ancienne Commission. Il doit être mis en œuvre dans les meilleurs délais. Il nous revient de le faire, tout en proposant le contenu d'une nouvelle étape.

Je crois ainsi répondre à l'une de vos préoccupations essentielles, je dirai même vitales. Vous voulez, nous voulons qu'à la fin de votre mandat, en 1988, les Européens, vos électeurs, puissent toucher du doigt, dans leur vie quotidienne, une Europe concrète, une Communauté réelle où l'on puisse, sans entrave, circuler, dialoguer, communiquer, échanger. Si nous y parvenons, alors les élections européennes de 1989 seront celles du regain, de la citoyenneté assumée, d'un nouvel élan de la démocratie.

Circuler librement n'est sans doute pas l'attente principale des Européens aux prises avec les incertitudes, voire les angoisses de l'avenir. Ils nous parlent raisons de vivre, possibilités de s'insérer dans la société et donc de travailler, équilibres à trouver entre vie personnelle et vie professionnelle, société postindustrielle et environnement naturel. Supprimer les frontières ne les convaincra pas de notre volonté de supprimer le chômage massif. Là aussi se joue la crédibilité de la grande aventure européenne au niveau de chaque nation comme au niveau de la Communauté. Au niveau de chaque nation, que rien ne dispensera de l'effort à fournir pour retrouver des structures compétitives et le chemin de la croissance économique. Mais aussi au niveau de la Communauté, qui doit jouer le rôle de multiplicateur des efforts nationaux. La convergence des économies n'aura de sens aux yeux des Européens que si, d'ici deux ans, nous avons inversé la courbe infernale du chômage. Cela dépend de nous-mêmes. Cela dépend de notre force, de notre capacité à mener parallèlement l'adaptation des structures et l'activation de la conjoncture. […]

Chacun éprouve la dureté des temps présents. C'est pourquoi la Communauté pourrait émettre les messages les plus nobles qu'elle ne serait pas entendue, si elle devenait un sujet de l'Histoire. Or pourquoi nous le cacher ? C'est bien ce qui nous menace. Là, on parle d'eurosclérose et on nous traite comme tel. Ailleurs, on déplore notre manque d'initiative et de générosité.

Sortir de la léthargie de l'Europe

Où est donc le message d'espoir que j'évoquais tout à l'heure ? Je répondrai : dans notre capacité à parler d'une seule voix et à agir ensemble. Nous les Européens, en sommes-nous capables ? À vrai dire, la démonstration n'a guère été probante ces dernières années. Trop souvent sur la défensive, la Communauté a certes bataillé sur ses intérêts ponctuels, au mieux limité les dégâts. La plupart du temps, ce ne sont pas des positions communes qui se sont fortement exprimées, mais plutôt des intentions vagues et nuancées selon les pays membres. [...]

Il est de ma responsabilité de provoquer, au sein de la Commission tout d'abord, puis devant le Parlement et devant le Conseil, les discussions qui devraient nous faire sortir de ce qu'il faut bien appeler, dans ce domaine, la léthargie de l'Europe. Je le ferai, avec l'intime conviction qu'il est possible de dégager, entre nous, des compromis dynamiques débouchant sur des propositions et des actions communes, et ce non seulement pour défendre nos légitimes intérêts sur les plans industriel, agricole, financier, mais aussi pour coopérer à un ordre économique mondial qui ne soit pas comparable à la fable du renard dans le poulailler. Nous devons démontrer, par la qualité de nos propositions, par l'exemplarité de notre action, que l'efficacité et la justice peuvent aller de pair, que les « nations en voie de se faire », pour reprendre l'expression de François Perroux[1], doivent elles aussi être traitées comme des acteurs à part entière. À elles ensuite de démontrer qu'elles peuvent participer positivement au développement de l'économie mondiale.

Une clarification s'impose donc entre nous. Et vite car nous sommes mis au défi : qu'il s'agisse de maintenir l'Europe au rang de puissance verte, d'assurer notre rang dans les technologies de pointe, de consacrer notre épargne à notre propre développement et non de la voir, pour partie, nourrir la croissance des plus puissants, il s'agit de partager les responsabilités mondiales en matière monétaire, de défendre nos intérêts commerciaux, tout en participant pleinement à la diffusion des échanges de biens et de services.

1. Économiste français, penseur du développement (1903-1987).

En un mot comme en cent, l'Europe doit retrouver le chemin de l'imagination et de l'offensive. Qui n'a rien à proposer est vite oublié, voire méprisé. Qui n'a pas les moyens de son ambition en est vite réduit au suivisme ou à l'agressivité verbale.

Nous devons, nous les Européens, nous répéter tous les jours : oui, nous savons le faire, oui, nous pouvons le faire.

En mettant l'accent sur notre capacité économique et financière, je n'entends pas oublier l'action proprement politique. Il faut se féliciter que, dans le domaine de la coopération politique, la concertation se soit enrichie, des initiatives communes aient été prises. [...]

L'effet de dimension

Mais revenons à notre préalable : donnons-nous la force économique, technologique, financière, monétaire. Et cette force ne sera pas ce qu'elle pourrait être si elle n'est pas fondée sur la démocratie et sur l'équité. La démocratie, ce n'est pas seulement cette crédibilité de l'Europe au quotidien, c'est aussi la vitalité des relations sociales et la participation du plus grand nombre. L'équité, ce n'est pas seulement la juste récompense de l'initiative et de la prise de risques, c'est aussi une collectivité accueillante envers tous ses membres et soucieuse d'égalité des chances.

[...] Ce qui nous manque, outre une certaine confiance en nous-mêmes, c'est l'effet de dimension et de multiplication. Seule une Europe plus soudée, plus intégrée peut nous le donner. Dans les quatre ans de son mandat, la Commission vous propose de franchir des pas décisifs dans trois directions :

– le grand marché et la coopération industrielle ;
– le renforcement du Système monétaire européen ;

– la convergence des économies comme entraînant plus de croissance et plus d'emplois.

Nous devons le faire, pour exister dans ce monde dominé par les grands ensembles et par la dureté des affrontements de toutes sortes. Nous devons l'entreprendre sans tarder, j'insiste sur ce point : en agissant ainsi, nous dirons non au scepticisme, non au découragement, non aux alibis même les plus intelligemment présentés à nos opinions publiques. En effet, les affaires européennes donnent souvent l'impression d'un match entre pays membres, alors qu'elles devraient offrir l'image d'une équipe unie, d'une cordée en pleine ascension.

L'effet de dimension ne peut être mieux illustré que par ce triptyque : réalisation du grand marché, harmonisation des règles, coopération industrielle. Tout a été dit sur le fractionnement de nos efforts, les obstacles à une compétition salutaire, le cloisonnement des marchés publics, l'absence de structures favorables au rapprochement entre les entreprises européennes, la nécessité de normes qui nous soient communes et qui stimulent l'innovation. À la limite, comme le démontre l'exemple de la recherche, ce ne sont pas les moyens en hommes et en argent qui nous font défaut. Ils sont comparables à ceux mis en œuvre aux États-Unis et au Japon. Non, ce qui nous manque, c'est un espace économique et social où puissent échanger et coopérer plus facilement tous les protagonistes du progrès scientifique et économique.

La démonstration a été faite, dans deux domaines, le programme Esprit et les télécommunications. La Commission a su démontrer à tous les acteurs les avantages de l'échange et de la coopération, les amener tout naturellement à conjuguer leurs efforts de recherche, à ouvrir la voie à des normes communes, à se mobiliser sur quelques projets porteurs d'avenir. Ainsi a été démontré l'intérêt d'un élargissement du marché en général, et donc, dans ce domaine précis, des marchés publics. Ainsi a été soulignée l'excellence d'une méthode.

Faire des entrepreneurs, chercheurs, travailleurs, les acteurs du changement.

Cette pédagogie de l'action doit être l'un de nos guides. À propos de l'investissement, un économiste disait : « On ne fait pas boire un âne qui n'a pas soif. » On peut transposer cette réflexion à l'action européenne. On ne mobilisera les entrepreneurs, les chercheurs, les travailleurs que si, conscients de l'intérêt vital de la dimension européenne, ils deviennent eux-mêmes les acteurs du changement.

Bien sûr il y eut des échecs. Bien sûr, il y a des obstacles… et de taille. Ainsi en est-il, pour ce qui est de la réalisation du marché intérieur, de la règle de l'unanimité, soit qu'elle résulte du traité lui-même, soit qu'elle résulte du recours abusif à la notion d'intérêt vital.

Vous pouvez être assurés que la nouvelle Commission exploitera toutes les possibilités du traité pour surmonter ces obstacles et pour mettre chacun au pied du mur. Un programme, un calendrier et une méthode seront proposés au Conseil et au Parlement.

Pour ces problèmes qui intéressent aussi bien la vie quotidienne que la vie économique, la Commission agira avec force, en tant que garante de l'intérêt public européen.

C'est pourquoi, et pour ne pas lasser votre attention, je ne voudrais insister, pour l'instant, que sur ce qui m'apparaît fondamental pour l'équilibre interne de notre Europe et pour l'efficacité de la démarche.

Tout d'abord, il est impossible de dissocier les trois branches de la proposition. Il ne peut y avoir de compétition saine et loyale sans harmonisation des règles. N'oublions pas que la concurrence peut tuer la concurrence, si le marché ne permet pas une confrontation à armes égales entre les différents acteurs. D'où la nécessité de veiller, comme cela se fait d'ailleurs dans beaucoup de pays membres, à ce que des mesures nationales ne viennent pas déséquilibrer la compétition. Et j'observe à cet égard que cela n'avait pas échappé aux acteurs du traité de Rome, ainsi qu'en témoigne l'article 102[1]. La Commission y aura recours.

Mais l'Europe ne modernisera pas ses structures de production par la seule existence d'un grand marché. La recherche de la dimension exige que soient stimulées les coopérations entre entreprises européennes, que des cadres adéquats soient créés à cet effet, que la fiscalité facilite les rapprochements d'entreprises, que les incitations financières viennent, au niveau communautaire, se substituer à la surenchère coûteuse et inefficace des aides ou des incitations nationales.

Parmi les facteurs qui ont contribué à un début d'harmonisation, il convient de citer, car certains auraient tendance à l'oublier, le système monétaire. Du point de vue du grand marché, le SME, en interdisant de fait le dumping monétaire, a facilité l'accroissement des échanges intracommunautaires. Pas de dumping monétaire, par conséquent, mais cela n'est pas suffisant.

Espace social européen

Car j'ajouterai : pas de dumping social. Là aussi, nous devons nous placer dans le droit-fil de l'harmonisation des règles. Tel est, au regard du grand marché que tous appellent

1. Article visant à prévenir une distorsion de concurrence par un État membre.

de leurs vœux, la signification d'un espace social européen… qui reste à créer. Sinon, qu'adviendra-t-il, que voyons-nous déjà ? Des pays membres, des entreprises qui tentent de prendre un avantage sur leurs concurrents au prix de ce qu'il faut bien appeler un recul social.

Soyons clairs sur ce point. Je crois, comme beaucoup d'entre vous, que nos économies sont trop rigides. Mais les causes de cette rigidité ne sont-elles pas diverses ? À trop les chercher d'un seul côté, on risque d'échouer, car l'Europe ne se fera pas dans une sorte de progrès social à rebours. Certes, il convient d'accroître la flexibilité du marché du travail, mais il est non moins nécessaire de stimuler les initiatives et de lutter contre toutes les rentes indues de situation.

Pour en revenir aux larges domaines couverts par les politiques de l'emploi et du marché du travail, nous ne réussirons qu'à deux conditions : que les réformes soient négociées par les partenaires sociaux, autrement dit que la politique contractuelle demeure une des bases de notre économie, et que soit recherché un minimum d'harmonisation au niveau européen. Voilà pourquoi, il y a quelques instants, j'ai évoqué l'idée de conventions collectives européennes qui constituent le cadre général indispensable à la réalisation du grand marché, voilà pourquoi je voudrais insister sur l'importance du potentiel humain pour ce qu'il comporte de savoir et de savoir-faire. Nos politiques d'éducation et de formation doivent permettre à chacun de mieux comprendre les évolutions du monde et de valoriser ses talents et ses ressources personnelles.

[…] La convergence des économies est un fait positif. Elle a été facilitée, dans une large mesure, par l'existence du SME[1].

1. Système monétaire européen.

Mais elle a aussi contribué au succès de celui-ci. Il faut donc poursuivre dans cette voie. Mais à quelles fins ? Et comment ? Cette notion de convergence doit être clarifiée entre nous. Si je ne craignais pas d'embrouiller les esprits, j'y substituerais volontiers celle de cohérence. En effet, si l'inflation doit être vaincue, si les déséquilibres extérieurs doivent être résorbés, si les efforts dans ce sens ne doivent pas être relâchés, il importe aussi que l'espace communautaire soit considéré dans ses réalités et dans ses diversités.

Ainsi y aurait-il incohérence si l'on prétendait uniformiser les modèles de croissance et d'aménagement du territoire du nord au sud de l'Europe. Le développement doit être pensé et réalisé en fonction des atouts humains et naturels de chaque pays membre. D'où l'importance – mais ce n'est qu'un exemple parmi d'autres – des programmes intégrés méditerranéens destinés à tirer le meilleur parti d'un patrimoine de ressources et de savoir-faire. Sachons, dans un effort commun de rigueur et d'initiative, profiter de nos diversités qui sont aussi nos richesses.

De même y aurait-il incohérence si, pour parler en termes de coût-avantage, on passait sous silence les potentialités offertes par le marché commun aux pays traditionnellement exportateurs. C'est ce à quoi conduit, il convient de le dire brutalement, une conception uniquement budgétaire de la Communauté. Que chacun veuille bien mettre tous les éléments dans les deux plateaux de la balance. Roy Jenkins[1] déclarait : « La Communauté peut créer et donner plus qu'elle ne reçoit, à la condition expresse que les États membres, les peuples et les gouvernements se demandent quelle contribution ils peuvent apporter, et non pas seulement quel bénéfice ils peuvent en tirer. »

1. Président de la Commission européenne de 1977 à 1981.

Nous nous sauverons tous ensemble ou nous ne nous sauverons pas

Ces réflexions seront présentes à notre esprit lorsqu'il s'agira de poser, en termes réalistes et équilibrés, le problème de l'adaptation des ressources budgétaires et financières de la Communauté aux objectifs qu'elle prétend s'assigner. L'échéance est plus proche que certains ne croient car, comme l'a rappelé sans cesse la Commission Thorn, ce n'est pas avec une contribution TVA limitée à 1,60 % que l'Europe se construira en un ensemble équilibré et performant. J'entends par là qu'il est indispensable d'ajuster nos ambitions et nos moyens, dans un esprit de bonne gestion appliqué à toutes les catégories de dépenses. Mais faisons-le en répondant aussi à la question suivante : est-ce que, dans certains cas, 10 ECUS de plus dans le budget communautaire n'auraient pas plus d'effet multiplicateur qu'un ECU de plus dans chacun des dix budgets des pays membres ? N'est-ce d'ailleurs pas une des idées majeures qui sous-tend l'approche adoptée par votre Parlement pour justifier le projet d'union européenne, ce que l'on appelle le principe de subsidiarité ?

Enfin, il y aurait aussi incohérence si chaque pays, poussant jusqu'à l'extrême l'austérité financière et monétaire, n'attendait son salut, c'est-à-dire le retour à une croissance plus forte, que de l'augmentation de ses ventes à ses partenaires. Ce n'est pas en s'appuyant sur les épaules d'un équipier qui se noie que l'on échappera au naufrage. Nous nous sauverons tous ensemble ou nous ne nous sauverons pas.

C'est pourquoi le véritable contrat communautaire est bien que chacun utilise ses marges de manœuvre. Pour stimuler la croissance de tous. Les effets en retour seront bénéfiques, puisque nous aurons créé une synergie positive, que l'on pourrait, au besoin, épauler par un programme européen d'investissements, comme l'a proposé votre Parlement, qui constituerait également un moyen, parmi d'autres, de donner vie à la politique des transports et de renforcer le réseau européen de grandes communications – un tel réseau, ne l'oublions pas, est aussi un facteur favorable à l'Europe du quotidien et au grand marché.

Ainsi, tout se tient, dans le dynamisme retrouvé comme dans le lent déclin. À nous tous de démontrer, dès les prochains mois, les vertus d'une interdépendance et d'une solidarité assumées lucidement.

[...] L'aventure mérite d'être tentée. Je voudrais en convaincre, par l'action, ceux d'entre vous qui sont découragés devant tant de dossiers qui traînent, tant de complexités inutiles, tant d'obstacles secondaires. La Commission doit en quelque sorte jouer le rôle central d'ingénieur de la construction européenne. [...] La pression quotidienne suffirait à remplir nos emplois du temps, et pourtant il faut tracer des perspectives, recréer des dynamismes au service d'une Communauté digne de ce nom, forte d'une économie rénovée et d'un système social exemplaire.

Nous devons affronter trois défis majeurs. Pour ce qui est de la méthode, nous devons démontrer que l'on peut agir à Douze, et pas simplement stagner et vivre à la petite semaine. En termes d'influence, nous avons à faire en sorte que la Communauté parle d'une seule voix et soit un acteur de l'histoire contemporaine.

Enfin, un défi de civilisation, essentiel dans ce monde en profonde mutation : il nous faut affirmer nos valeurs, réaliser les nouvelles synthèses entre les aspirations souvent contradictoires de nos contemporains.

Je le répète : nous en avons les moyens. C'est donc à notre force de caractère, une fois de plus, que nous serons jugés. Je ne peux m'empêcher, à cet instant, de songer aux maximes énoncées par Winston Churchill en 1946 :

In war, resolution.

In defeat, defiance.

In victory, magnanimity.

In peace, goodwill.

Ah, si notre Europe pouvait être digne de ces préceptes, et ainsi retrouver toute confiance en elle-même ! Mais après tout, l'issue dépend de nous-mêmes, rien que de nous.

Environnement

« Un développement plus respectueux de l'environnement, plus solidaire, plus créateur d'emplois et axé sur la qualité de la vie[1] »

La notion de développement durable, née du rapport remis en 1987 par Mme Gro Harlem Brundtland[2], a connu un succès immense et mérité. Toutes les nations présentes à Rio[3] se sont engagées à suivre cette voie en adoptant l'Agenda 21 et en créant pour sa mise en œuvre la commission des Nations unies pour le développement durable.

À Rio, la Communauté [européenne] a joué un rôle positif, faisant souvent le lien entre les préoccupations du Nord et du Sud, plus avancée que d'autres sur les grandes conventions climat et biodiversité, prenant l'initiative d'une future

1. Intervention au séminaire Environnement et développement durable, Bruxelles, 9 novembre 1993.
2. Ancienne Première ministre de Norvège.
3. Sommet de la Terre à Rio, juin 1992.

convention sur la désertification et cherchant à surmonter ses propres divisions pour offrir concrètement des ressources financières nouvelles.

Depuis cette date, pourtant pas si lointaine, la crise économique déjà en germe s'est fortement aggravée, touchant sérieusement la Communauté européenne, qui connaît un taux de chômage préoccupant, des secteurs en forte baisse d'activité, une consommation ralentie et voit sa compétitivité fortement entamée.

La réflexion sur les causes de la crise profonde de nos économies et sur les remèdes que nous devons y apporter est une urgente nécessité. Un an après Rio, au Conseil européen de Copenhague, j'ai donc proposé aux chefs d'État et de gouvernement plusieurs axes d'analyse et suggéré plusieurs pistes de recherche, qui depuis cette date ont mobilisé la Commission. Le fruit de son travail, comme celui des États membres, qui ont mené leurs propres réflexions, sera le Livre blanc sur la croissance, la compétitivité et l'emploi en Europe, qui sera présenté au Conseil européen au mois de décembre [1993].

Devons-nous pour autant oublier les engagements de Rio ; devons-nous, au moins, les mettre entre parenthèses tant que nous-mêmes ne serons pas sortis d'affaire ? Je ne le crois absolument pas. Je crois, au contraire, que l'une des racines de la crise que nous connaissons est l'ignorance dans laquelle nous avons tenu les conséquences de notre activité sur l'environnement et sur les ressources naturelles.

Un nouveau modèle de développement

Je crois, comme je l'ai dit à Copenhague, que l'un des moyens de sortir de l'impasse dans laquelle nous nous trouvons est l'adoption d'un nouveau modèle de développement, plus respectueux de l'environnement certes, mais aussi plus solidaire, plus créateur d'emplois et plus axé sur la qualité de la vie.

Les travaux qui ont été menés pour la préparation de ce séminaire ont d'ores et déjà montré que cela n'est pas hors de notre portée. Mais ils ont montré aussi que la participation de tous à cette tâche, qui implique une profonde révision de nos habitudes de pensée et d'action, est indispensable. Ce respect des sensibilités et des préoccupations de chacun est absolument nécessaire à la réussite de cette entreprise.

Voilà pourquoi vous êtes ici, tous réunis.

Nous voulons tous vous entendre, vous, membres des mouvements écologiques qui tirez la sonnette d'alarme et nous dites combien notre actuel modèle de développement met en danger notre planète et la survie de l'humanité ; vous, industriels, qui nous dites qu'on ne peut aller trop vite et qu'il faut tenir compte des coûts et de la compétitivité ; vous, universitaires et scientifiques qui précisez et évaluez les risques et proposez des voies nouvelles ; vous, enfin, ministres ou hauts fonctionnaires qui avez en charge dans vos pays la définition et la mise en œuvre des politiques environnementales.

Nous vous écouterons, nous discuterons avec vous, et nous tirerons profit de vos interventions pour la poursuite de notre propre réflexion.

Mais avant cela, je voudrais vous faire part de ce qui est ma propre intuition, déjà confortée par quelques analyses tant internes à la Commission qu'externes, émanant de l'OCDE, de la Banque mondiale ou de travaux menés dans les États membres.

Mon intuition est que l'actuel modèle de développement s'est essoufflé et nous a conduits à une impasse.

Nous gaspillons les ressources naturelles auxquelles, soit nous ne donnons pas de prix (l'air), soit nous donnons des prix qui ne tiennent compte ni de leur rareté (eau) ni des conséquences de leur utilisation sur les équilibres naturels (forêts, énergie). À titre d'illustration, il est frappant de noter que le prix du pétrole, en termes réels, a été divisé par quatre depuis 1980 ; c'est quasiment un choc pétrolier à l'envers. Les efforts d'économie d'énergie s'en sont trouvés partout réduits. L'efficacité énergétique régresse en effet en Europe depuis deux ans. Vous connaissez les conséquences de ce gaspillage sur les grands équilibres naturels, le risque de changement climatique est sérieux et les conséquences d'une hausse de température, ne serait-ce que d'un degré, pourraient être incalculables, provoquant famines et inondations dans les parties du monde les plus exposées. Je connais les incertitudes scientifiques mais je sais aussi que, face à un tel risque, la prudence est indispensable.

Destruction des ressources naturelles et des emplois

Parallèlement, nous utilisons de moins en moins le travail. En un siècle, sa productivité a été multipliée par vingt, alors que la courbe d'utilisation de l'énergie est la même que celle de la croissance. Entre 1970 et 1992, la croissance de la Communauté européenne, en termes réels, aura été de 73 % mais, dans le même temps, l'emploi n'a crû que de 7 %.

Un des éléments d'explication de cette tendance marquée à la sous-utilisation du travail et à sa substitution par un recours toujours accru au capital et à l'énergie est évidemment à rechercher dans le coût du travail. Et là, une des caractéristiques les plus frappantes de l'économie européenne par rapport à celles de ses principaux partenaires est la surtaxation du travail le moins qualifié. Les charges sociales doublent en Europe le coût du travail non qualifié alors qu'elles ne l'augmentent que d'un tiers au Japon et aux États-Unis. Il y a là un élément de déséquilibre sur lequel il faut s'interroger à la fois du point de vue de la compétitivité, de celui de l'emploi, et enfin du point de vue d'une utilisation raisonnable des ressources naturelles.

Telle est la première impasse et sans doute la plus préoccupante d'un modèle de développement qui ne crée plus d'emploi et détruit les ressources naturelles, mais elle n'est pas la seule.

Les deux tiers de la population européenne vivent aujourd'hui dans des agglomérations de plus de 100 000 habitants et 70 % des travailleurs y ont leur emploi. Ces villes, souvent prisonnières d'un schéma d'urbanisme figé depuis la Seconde Guerre mondiale, parfois gravement confrontées à une crise profonde de l'emploi industriel, ont généralement juxtaposé lieu de vie et lieu de travail. Faute de moyens financiers et souvent faute d'une conception d'ensemble, elles ont éloigné de plus en plus loin du centre les périphéries au détriment des moins fortunés. D'où des gaspillages de temps considérables, des taux de pollution de plus en plus importants. La récession économique ou la crise structurelle aidant, beaucoup de ces villes sont aux prises avec des difficultés dramatiques dans les quartiers où se concentrent chômage, insécurité et les diverses formes d'exclusion qui se manifestent par la drogue, la violence et la criminalité. Or nous ne sommes pas condamnés à ce type d'organisation urbaine. Une nouvelle conception de la ville, une nouvelle organisation du travail, une nouvelle gestion du temps sont nécessaires et sont à notre portée.

Désordre de la ville et détresse de la campagne

Dans mon esprit, on ne peut pas dissocier le désordre de la ville et la détresse de la campagne. C'est pourquoi j'ai attaché tant d'importance en 1987, dans la réforme des politiques structurelles de la Communauté, à la préservation du développement rural.

Nos campagnes se désertifient et paysan ne rime plus avec paysage ; les modes de production intensifs, qui ont permis à l'agriculture européenne de tenir sa place dans le monde, connaissent désormais leurs limites. La gestion des excédents et le soutien des prix ne suffisent plus, une réforme profonde de la PAC [politique agricole commune] a dû être définie et adaptée, difficilement, mais elle était indispensable. L'épuisement des sols, la pollution des eaux par les nitrates sont d'autres aspects négatifs de cette exploitation intensive. Nous devons, pour préserver la vie rurale, pour sauvegarder nos paysages, trouver de nouveaux modes d'exploitation agricoles et de nouvelles activités pour le monde rural tout en maintenant un maximum de petites exploitations. Les citadins recherchent de plus en plus le retour à la nature, partout en Europe le tourisme vert se développe. Là aussi, il existe donc des tendances à exploiter qui seront favorables pour l'emploi, pour la sauvegarde de la nature et qui amélioreront la qualité de la vie en Europe.

Nombreux, enfin, sont les pays du Sud qui ne sortent pas du sous-développement, qui, pour survivre, exploitent démesurément leurs ressources naturelles, se rassemblent dans des villes gigantesques où les conditions de vie, d'approvisionnement en eau, d'hygiène sont terribles. Ces pays ne pourront se développer sans notre aide et ne pourront adopter le modèle de développement qu'ont connu les sociétés industrielles depuis deux siècles sans mettre gravement en péril les équilibres naturels. On a calculé qu'il faudrait 10 Terres pour que 7 milliards de personnes consomment individuellement autant d'énergie et de ressources naturelles que nous l'avons fait.

Capital naturel

Telles sont les impasses que nous connaissons aujourd'hui. Je crois que le tableau n'est pas exagéré, mais je crois aussi que nous avons les moyens de prendre l'indispensable tournant vers un nouveau modèle de développement. La première priorité, c'est d'abord de nous ouvrir nous-mêmes les yeux. Nous devons prendre une mesure plus complète de notre bien-être et des conséquences de nos modes de production et de vie. Il est temps d'adopter une nouvelle mesure du progrès. J'ai tenté de le faire il y a vingt ans avec les indicateurs sociaux, sans grand succès.

Les premiers économistes des sociétés industrielles ont décidé, par convention, de ne pas tenir compte dans leurs analyses du capital naturel. La conviction était alors qu'il était inépuisable et que son absence de rareté expliquait et justifiait sa gratuité. Cette thèse ne peut plus avoir cours aujourd'hui ; qui pourrait encore soutenir que l'air que l'on pollue, l'eau ou la forêt que l'on épuise, n'ont pas de prix ? Qui peut admettre sans broncher que le temps passé dans des embouteillages ou que les ressources utilisées pour réparer les conséquences d'une pollution pétrolière de grande ampleur augmentent le PNB ? Il y a quinze ou vingt ans, quand j'ai commencé mon travail sur les indicateurs sociaux, j'ai posé une question aux experts de la comptabilité nationale : quel serait l'effet d'une augmentation d'une demi-heure des trajets aller-retour des automobilistes se rendant à leur travail ? La réponse a été que cela augmenterait le PNB car la consommation d'énergie augmenterait…

La première des choses à faire est de disposer au moins de données comparables sur l'état de l'environnement. La fixation, enfin, du siège de l'Agence européenne pour l'environnement[1] va nous permettre de mettre en place cet outil commun d'évaluation.

Cependant, le développement soutenable exige d'autres indicateurs statistiques. Il faut pouvoir suivre non seulement l'état de l'environnement, mais les facteurs qui exercent une pression sur lui, les moyens mis en œuvre pour le réhabiliter ou le maintenir. Cette nouvelle génération d'indicateurs appelle plus qu'un effort technique, plus que des moyens statistiques. En fait, il requiert une volonté politique : dans la conception même de l'action publique – je pense particulièrement aux politiques sectorielles, agricoles, énergétiques, industrielles, relatives aux transports –, il faut songer à introduire les indicateurs qui refléteront la prise en compte de l'environnement.

Enfin, se posera le problème très difficile du passage des données physiques aux données en valeur. Il faut pouvoir

1. Agence de l'Union européenne établie depuis 1994 à Copenhague.

évaluer, donner un prix aux ressources environnementales. Mais comment ? Le travail entrepris par la Commission pour préparer ce séminaire montre que le chemin sera long. On évalue à dix ans le temps qu'il nous faudra pour disposer d'une véritable comptabilité verte. Mais ce chemin mérite d'être parcouru, et vite. Nous nous en donnerons les moyens et nous écouterons avec attention les suggestions que vous nous ferez.

Taxation du carbone

La deuxième action que je vous propose ne sera pas plus facile à réaliser mais elle est également nécessaire. Il s'agit de chercher à rééquilibrer l'utilisation des deux facteurs de production que sont le travail et le capital naturel. L'un est surtaxé, l'autre n'est pas évalué à un prix reflétant sa rareté. Les pouvoirs publics devraient tenir compte de ce déséquilibre pour réorienter leur fiscalité, souvent très ancienne, et conçue sans prendre en compte ces facteurs d'équilibre et de rareté qui nous semblent aujourd'hui indispensables. La Commission, pour sa part, s'est orientée dans cette voie avec sa proposition de taxe sur l'énergie et le CO_2. Elle a posé pour principe que cette taxe devait être budgétairement neutre. De nombreuses simulations ont été faites, avec divers modèles et dans divers pays, montrant que l'impact de la taxe serait positif en termes de croissance et d'emploi si sa contrepartie permettait d'alléger les charges qui pèsent sur le travail. Les effets pourraient même être très positifs si l'allègement était concentré sur les emplois faiblement rémunérés ou correspondant au niveau de qualification des plus modestes. Cette proposition se heurte cependant à des objections diverses de la part des États membres qui ne sont pas insurmontables mais aussi aux craintes de certains secteurs industriels exposés, pour lesquels pourtant des exemptions ou des aménagements sont prévus. Le débat suscité par cette proposition est une illustration des difficultés que rencontrera très probablement un rééquilibrage de la fiscalité. Mais je reste confiant car je considère que les raisons de réaliser cet effort sont suffisamment fortes pour que l'on s'y engage résolument.

Innovation technologique

La troisième piste que je vous suggère passe par une réorientation de la recherche et de l'innovation technologique. Spontanément, le marché a encouragé les innovations qui permettaient d'économiser du travail. Aux pouvoirs publics de donner l'impulsion pour que les gains de productivité soient désormais recherchés dans l'utilisation des ressources naturelles. En matière de recherche et développement en général, le rôle incitatif des pouvoirs publics a toujours été important. Il faut en effet encourager les entreprises privées à effectuer des recherches dont les bénéfices se diffuseront dans la collectivité. Mais il y a une raison supplémentaire pour les pouvoirs publics d'être actifs en matière de recherche et développement lorsqu'il s'agit d'anticiper des modes de production et de consommation plus soutenables. En cette matière, le marché est myope ; l'incertitude est permanente sur les contraintes qui pèseront réellement sur l'utilisation des ressources naturelles. C'est donc aux pouvoirs publics d'être des réducteurs d'incertitude, en particulier en lançant des programmes de caractère fondamental. Ainsi des technologies qui modifient radicalement les cycles de production, la consommation en matière première, les émissions polluantes mesurées tout au long du processus de production, de transport, de consommation et de recyclage. Bien entendu, ce rôle d'éclaireur des pouvoirs publics exige des formes nouvelles de coordination avec tous les partenaires intéressés producteurs et utilisateurs. Comment améliorer les structures mêmes de notre dialogue horizontal, c'est bien l'une des questions que j'aimerais voir aborder au cours de ce colloque.

Un monde plus solidaire entre le Nord et le Sud, l'Est et l'Ouest sera un monde de la croissance retrouvée et un monde viable. Les pays d'Europe centrale et de l'Est ont connu un développement tout à la fois plus ralenti que le nôtre et beaucoup plus polluant. Il faut maintenant, dans notre intérêt commun, aider ces pays à assainir leur environnement et à se doter de modes de production moins polluants. Pour nos industries, pour notre technologie, ce sont autant de marchés. En termes d'efficacité, un dollar dépensé dans ces pays peut financer une diminution de la pollution jusqu'à dix fois supérieure à ce qu'elle serait chez nous.

Au Sud, les taux de mortalité infantile très élevés s'expliquent essentiellement dans les agglomérations urbaines par l'insuffisance ou la mauvaise qualité de l'eau. Cette forte mortalité infantile justifie le maintien de taux de natalité élevés qui sont à la racine de l'explosion démographique et de la surexploitation des ressources naturelles. L'impératif moral et l'interdépendance de fait justifient notre aide, qui trouve cependant aussi sa justification économique. Les industries européennes performantes dans les problèmes d'adduction d'eau ou de traitement des eaux usées ont un rôle important à jouer dans ces pays et, d'ailleurs, elles le jouent.

Écologie du temps et télétravail

Inventer une nouvelle organisation de la ville, du travail et une nouvelle gestion du temps. Voilà un cinquième et très important défi à relever qui lui aussi suppose notre part d'imagination et de volonté. Une meilleure organisation du travail, à l'intérieur des entreprises et des administrations, est sans doute la première clé de cette recherche ; elle passe par une gestion plus flexible et plus diverse du temps de travail, condition d'une meilleure coordination des métiers et d'une plus grande efficacité des installations. Mais il y a aussi le temps de non-travail : temps de transport, temps de formation et d'éducation, temps consacré à la famille, temps de loisir, tous ces temps de la vie dont on parle trop peu dans la grande dispute d'aujourd'hui sur l'aménagement du temps de travail. Valoriser le temps de non-travail, créer un temps de la convivialité, dans une société réconciliée avec elle-même, est la seconde clé du même défi.

Une organisation plus diversifiée et plus souple du temps de travail, une revalorisation des temps de non-travail sont au cœur de la relation entre développement et environnement. Et nous sommes en même temps sur le territoire de la ville. C'est seulement au niveau local que les deux clés peuvent être tournées en même temps. À ce niveau, en tenant compte des besoins des entreprises, des réseaux de transport existants, de la configuration des lieux, des horaires d'ouverture des magasins et des services publics ou privés, il est possible de concevoir une gestion différente des temps de travail et de loisir. Des horaires de travail flexibles peuvent être créateurs d'emplois, peuvent faciliter la gestion des trafics urbains et améliorer la qualité de vie des citadins. De même, la mise en œuvre de certaines techniques de télécommunications peut permettre une véritable décentralisation du travail par la généralisation du télétravail. Un aménagement différent du territoire peut être envisagé grâce aux nouvelles technologies de l'information et des communications, dans lequel des villes plus petites pourront s'épanouir et donner à leurs habitants des conditions de vie bien meilleures que celles des grandes agglomérations. Le monde rural pourra bénéficier aussi de cette décentralisation permettant à ceux qui le désirent d'exercer leur activité. Ainsi entrerons-nous en une sorte d'« écologie du temps » qui mobilisera toutes les parties prenantes, entreprises et collectivités locales. Elle pourra constituer, vous le voyez, la réponse majeure, dans nos sociétés occidentales, aux défis nés des excès du développement industriel.

Toutes ces questions que je viens de poser peuvent paraître bien loin des préoccupations de nos hommes politiques. Pourtant, si les moyens classiques suffisaient, cela se saurait.

Tels sont pour moi les défis qui doivent être relevés pour sortir des impasses de l'actuel modèle de développement et s'orienter vers un nouveau modèle plus respectueux des équilibres naturels, plus créateur d'emplois et plus solidaire.

Union économique et monétaire

« L'euro protège mais ne stimule pas[1] »

La thématique qui vous est proposée est « la gouvernance économique de l'Union européenne – passé, présent et futur ». Une fois de plus, j'ai cherché dans ma bibliothèque si je trouvais, en quelques lignes, une définition de la gouvernance. Je n'y suis pas arrivé. Car les domaines couverts par ce concept sont trop larges... Depuis les notations faites sur les structures de décision et d'action jusqu'aux modes d'exécution et même l'éthique de la gouvernance, sans oublier la responsabilité démocratique (*democratic accountability*). [...] Je voudrais traiter de la gouvernance, avec le test de la monnaie unique. Il s'agit d'une mutation radicale. Je crois que peu de gens ont mesuré le poids que représente le passage à une monnaie unique par rapport à un marché unique. Le marché unique fut très difficile à mettre en œuvre, mais la monnaie unique constitue une mutation encore plus radicale, tant du point de vue politique que psychologique. [...]

1. Discours à Sciences Po, Paris, 16 avril 2012.

Un chaînon manquant : la coopération

La monnaie, c'est un symbole, une représentation plus ou moins objective des performances économiques et sociales, un instrument de spéculation et un outil possible pour une régulation mondiale. Le passage à la monnaie unique est vraiment une mutation radicale, ce qui aide à mesurer les difficultés présentes.

De 1999 à 2007, les résultats obtenus par l'UEM[1] ont été très honorables. Le taux de croissance a été un peu supérieur à 2 % en moyenne, il y a eu 12 millions d'emplois créés, plus d'intégration de la zone en matière d'investissement et de commerce. Mais, comme je l'avais souligné en vain dès 1997 – mais je n'étais plus président de la Commission, simplement un militant –, il y avait un chaînon manquant : la coopération.

Je reviens donc au triptyque : « compétition, coopération, solidarité ». Le pôle monétaire est constitué par la Banque centrale européenne, avec un système bien conçu de banques centrales nationales. Il manquait le pôle économique. J'avais donc proposé, à côté du pacte de stabilité monétaire, un pacte de coordination des politiques économiques. Il n'a pas été accepté. On s'est contenté d'ajouter au Pacte de stabilité le mot « croissance ». Les politiques ont vraiment la fascination des mots. Mais en réalité, c'était purement et simplement un pacte de stabilité budgétaire : pas de coordination économique, pas d'instruments de stimulation, de coopération ou de régulation.

J'en conclus pour ma part, dès l'année 2000, que l'euro protège, mais ne stimule pas. Il ne stimule pas – pourquoi ?

1. Union économique et monétaire.

Parce que rappelons-nous la stratégie de Lisbonne de 2000. L'Europe, en dépit des progrès que j'ai rappelés, n'a pas atteint un potentiel de croissance et d'innovation qui pourrait lui permettre d'assurer sa survie et son influence dans le monde, tel qu'il se transforme. Et j'ajoutai un peu méchamment : l'euro protège même des bêtises qui sont faites par certains pays.

Tout se déroule donc sans accident grave, jusqu'au moment où intervient la crise financière internationale. Alors apparaissent les rides sur le visage de l'UEM. Notamment par l'excès d'endettement. Pas simplement de l'endettement public, mais aussi de l'endettement privé. Les crises espagnole et irlandaise ont été la conséquence des excès de l'endettement privé. Quant à la gouvernance, à partir du moment où il y a eu la crise, elle a été désastreuse, franchement désastreuse. La réponse européenne est intervenue trop tard, et à chaque reprise c'était trop peu par rapport à l'évolution des faits.

Puisque nous traitons de la gouvernance, revenons sur le fameux chœur à plusieurs voix. On peut s'en sortir par des diatribes contre les marchés et les spéculateurs, mais il y a dans le monde non seulement des spéculateurs, mais des gérants de fonds énormes pour la retraite, pour l'assurance. Ces responsables regardent tous les jours l'évolution des marchés, les experts se disent « Alors, que va faire la zone euro ? », et on entend quatre ou cinq voix différentes. Comment voulez-vous, dans ces conditions, avoir une parole ferme et réaliste qui calme les craintes et désamorce les spéculations ? Les exigences d'une monnaie unique, pourtant soulignés par le rapport préalable du comité d'experts (dit « Comité Delors ») adopté en 1989, ont été politiquement et techniquement ignorées ou sous-estimées.

Pour être en mesure de réagir en temps utile et avec les moyens appropriés, de faire un bon usage de l'expression publique – j'insiste beaucoup sur ce point –, il faut une plus grande délégation de souveraineté pour ceux qui décident et qui exécutent. Jusqu'à quel point ? Dans quelle mesure ? [...] Je ne peux que poser les questions.

Dans quelles proportions, compte tenu de la diversité des situations nationales et l'attachement à certains acquis ? car je vous rappelle qu'il n'y a pas qu'un seul modèle socio-économique dans l'UEM. Les évolutions démographiques sont différentes. Si j'étais membre de la Commission, pourrais-je édicter des règles générales pour la retraite valables pour tous les pays ? Évidemment non. Avec quelles nouvelles compétences pour l'UEM pourra-t-on obtenir une certaine convergence des économies ou encore la régulation nécessaire de la monnaie et du marché de l'euro ? Et avec quel schéma institutionnel qui soit plus simple, plus efficace et plus cohérent ?

Je résume ce point, qui est vraiment déterminant. La crise internationale n'est pas terminée, la crise de la zone euro ne l'est pas non plus, les marchés, mais aussi la spéculation, sont aux aguets en cette fin avril 2012. Aujourd'hui, les taux des rendements espagnols, les emprunts d'État, augmentent à nouveau tandis que le taux allemand est à 1,6 %, donc beaucoup plus bas. Pour la France, c'est un pourcentage autour de 3 %. Bref, rien n'est réglé. Certains entretiennent cette spéculation qui nous harcèle. Mais cela ne sert à rien de se lancer dans des diatribes, il faut trouver les réponses. Celles-ci résident, à mon avis, dans une réflexion à la fois institutionnelle et économique sur ce que pourrait être l'UEM.

Un pôle de politique économique

Il y a un point que j'avais sous-estimé dans le rapport de 1989, comme dans mon action à la présidence de la Commission. Je n'avais pas assez mesuré qu'un marché unique avec une monnaie unique renforcerait, à un tel degré, les divergences entre les États membres. Et ce en dépit de l'importance des aides de la cohésion économique et sociale. On peut dire, dans une certaine mesure, que c'est la faute des États en difficulté. Il faut remédier à cette coupure dans l'esprit de la cohésion économique et sociale, mais avec des moyens spécifiques pour les pays de la zone euro, car on ne peut pas parler de la compétitivité, selon des données identiques, pour la Grèce, l'Espagne, l'Allemagne… Comment voulez-vous que la Grèce et l'Espagne adoptent le modèle de l'Allemagne, qui est un modèle historique, fondé d'ailleurs sur les grandes qualités du peuple allemand et sur certains principes fondateurs du point de vue de la gestion et de la dynamique économiques (*Liberalordnung et Soziale Marktwirtschaft*). Si l'on veut continuer à vivre ensemble, il faut faire preuve d'une audace à la fois institutionnelle et gestionnaire du point de vue économique, admettre qu'il s'agit d'une union allant vers une certaine convergence tout en tenant compte de certaines diversités. Autrement dit, un effort spécifique de coopération et d'aide est indispensable à l'intérieur de l'UEM, dans le même esprit que la cohésion économique et sociale mise en œuvre pour la réalisation du marché unique.

Comment faire en sorte que cet effort supplémentaire ne se traduise pas en un système d'assistanat prolongé ? Car le risque existe. L'idéal serait que l'UEM ait un pôle de politique économique, autrement dit que certains moyens soient donnés à l'UEM en tant que telle, pour promouvoir une croissance saine de l'économie.

On peut songer à un fonds de régulation conjoncturelle, à des programmes d'investissement concernant la zone euro, à un rapprochement des législations fiscales, notamment en ce qui concerne l'imposition des entreprises, des actions ciblées sur le marché du travail…

Or doter l'UEM de tels moyens nécessite un transfert supplémentaire de souveraineté. Les États membres sont-ils prêts ?

Voyez par exemple les réticences de la Finlande à faire un geste de solidarité sans contrepartie en direction de la Grèce. Constatons des réserves de même nature dans d'autres pays. C'est un problème plus général car il y a le retour à un nationalisme rampant qui arrange bien les dirigeants pour flatter leurs opinions publiques et qui leur fait sous-estimer les avantages de l'Union.

Je le répète souvent : l'Europe n'a que le choix entre deux options, la survie ou le déclin. Les problèmes de l'euro ont occulté les autres problèmes de l'Europe, par exemple les perspectives budgétaires, l'environnement, les problèmes de voisinage, les nouveaux élargissements possibles. Un rééquilibrage s'impose quelle que soit la gravité de la crise de l'euro.

Abordons un autre domaine de la gouvernance : la différenciation. L'intégration différenciée n'est pas synonyme d'une Europe à plusieurs vitesses. C'est le constat qu'à un moment donné, certains pays vont aller plus loin dans la souveraineté partagée, de façon à entraîner l'ensemble, mais tout en respectant les règles de l'Union à vingt-sept membres. Ce n'est pas nouveau : les accords de Schengen et l'euro sont des exemples d'intégration différenciée. Il y a maintenant une base institutionnelle, c'est la coopération renforcée qui était déjà dans le traité d'Amsterdam. La coopération renforcée permet à un groupe de pays d'insuffler du dynamisme à la construction européenne. La première audace pour l'UEM serait donc d'en faire vraiment une coopération renforcée, au sens institutionnel du terme.

Cette vision et cette méthode ne sont pas encore acceptées par tous les pays membres, dont parfois les plus importants. C'est un grave problème pour l'Europe.

Grande Europe et UEM

Selon moi, et pour simplifier, il y aurait donc, dans les dix années à venir, deux voies possibles qui sont liées entre elles : la « grande Europe » – car de nouveaux élargissements sont souhaitables et possibles – et la coopération renforcée de l'UEM. Cette vision est à la fois ambitieuse et modeste. Elle est ambitieuse, car elle viserait à faire de l'Europe élargie une sorte de référence pour toute tentative d'organisation dans le monde ou à l'échelle du monde. Il fut un moment où l'ASEAN nous demandait de venir expliquer ce que représentait la coopération au sein de l'Europe. Il y a eu bien aussi l'Union du Maghreb arabe et l'expérience du Mercosur. Il me semble que la « grande Europe » c'est aussi, alors que tout le monde parle de régulation mondiale, une manière de témoigner de la nécessité de régulations mondiales et de dire : « Voilà, nous avons réussi avec des États souverains à réaliser un ensemble qui permet de vivre mieux, d'être plus efficace et de se comprendre entre nous, avec la primauté du droit. »

Autre élément essentiel de progrès : la clarification des compétences. Le grand reproche que je fais au traité de Lisbonne, c'est de ne pas avoir bien distingué entre les compétences européennes et les compétences nationales. Même si on essaie de me convaincre de l'utilité des compétences partagées, je demeure persuadé qu'il faut en limiter les champs, ne serait-ce que pour que les citoyens comprennent qui fait quoi.

Enfin, j'accorde une grande importance au « vouloir vivre ensemble », avec les indispensables politiques d'accompagnement du marché commun, qui est la pierre d'angle de la construction européenne. Il ne faut pas simplement le voir en termes économiques, en termes d'échanges ou en termes commerciaux. Des interdépendances acceptées sont un des socles de ce « vouloir agir ensemble », condition du « vouloir vivre ensemble ».

Pour en revenir à ce que j'appelle la « grande Europe », visant à d'autres élargissements, j'en ai une vision modeste, car il ne s'agit pas d'aller à un fédéralisme classique, qui ne serait d'ailleurs pas accepté. Au surplus, cette grande Europe ne prétend pas gouverner le monde, même si nous avons des passés glorieux. Je me réfère à Vaclav Havel, qui a le mieux traduit cette vision d'une Europe renforcée et influente. Il explique que l'Europe ne doit plus avoir l'idée, la nostalgie de dominer le monde, mais plutôt l'ambition d'être exemplaire et de montrer une voie allant vers plus de paix et plus de compréhension entre les peuples. Quel bel idéal pour la grande Europe !

Eurobonds

Pour l'UEM, il faut une intégration renforcée sur le plan fiscal et dans certains domaines sociaux, mais avec les réserves que j'ai déjà formulées sur le respect de certaines diversités. Nous devons créer des instruments *ad hoc* pour plus de coopération et plus de solidarité : un fonds de régulation conjoncturelle, un programme d'aide à l'innovation et au développement durable, des instruments financiers comme les eurobonds. Une utilisation raisonnable des eurobonds permettrait d'aider au financement des projets communs et constituerait un marché d'emprunts-prêts confortant le rôle international de l'euro.

Mais, au regard de l'efficacité, je me vois contraint de revenir sur l'importance du vote à la majorité qualifiée. À ce sujet, je vais vous citer un de mes maîtres, malheureusement disparu, Tommaso Padoa-Schioppa[1], qui disait : « La paralysie provoquée par le droit de veto n'est pas une défaillance de l'Union, elle est tout simplement une absence d'union. La capacité de décision, et c'est là le paradoxe de toute union, n'existe que si on est capable de décider dans le désaccord. »

Ces phrases sont fondamentales pour penser le nouveau cadre institutionnel de l'UEM, avec le maintien du droit d'initiative de la Commission.

Dans les deux cas de figure, je suis favorable à un peu plus de fédéralisme. Pour la grande Europe, une Fédération des États-nations, et pour ce qui est de l'UEM une intégration plus poussée qui concerne à la fois l'économique, le monétaire

1. Ancien ministre italien des Finances et ancien président de Notre Europe (1940-2010).

et une partie du social. Et comment réaliser cet équilibre entre les règles et la politique ? Car même dans l'UEM il faut des règles. Mais, sans plus de fédéralisme, comment réussir plus de coopération, plus de solidarité, plus de cohérence, plus de simplicité, plus de transparence ?

Par conséquent, une audace institutionnelle, économique et politique est nécessaire pour assurer l'avenir de l'UEM, car je vous le rappelle, la mutation monétaire est plus radicale que toutes les autres. Nos dirigeants en sont conscients. Mais auront-ils la force politique de franchir le pas ?

La planification

« Plus l'incertitude est grande, plus on a besoin d'une longue-vue[1] »

Dominique Wolton. – Pour vous, il n'y a pas d'État sans revalorisation de la planification. Et la planification, tout au moins dans ses débuts, avait deux objectifs : moderniser l'économie et la société française ; arriver à contractualiser un peu mieux les rapports sociaux. Le premier objectif a été atteint. Le second n'a-t-il pas été soit un semi-échec, soit un moyen d'accompagner la modernisation ?

Jacques Delors. – La contractualisation a toujours été en France un élément mineur de l'ensemble du système des relations économiques et sociales. J'ai pris plusieurs initiatives, lorsque j'étais au cabinet du Premier ministre, Jacques Chaban-Delmas, pour essayer de remédier à cette lacune. En imposant la négociation dans le secteur public, d'abord, ce qui a déjà sous-entendu une autre définition de l'État. Puis, dans le secteur privé, avec

1. *L'Unité d'un homme. Entretiens avec Dominique Wolton*, Odile Jacob, 1994 (p. 110 à 114).

les grands accords nationaux, comme celui sur la formation permanente, en 1970. Mais, enfin, dans le domaine social, la France procède plus par loi que par accord. Je le regrette.

D. W. – Comment expliquez-vous que ce soit sous la gauche que le Plan, déjà bien affaibli à la fin du septennat précédent, ait quasiment reçu son coup de grâce ?

J. D. – D'abord, on a eu un ministre du Plan. Ce n'est pas la qualité de Michel Rocard qui est en cause, il est un des meilleurs hommes politiques français, mais le fait est que le commissariat général du Plan ne doit pas être un ministère. Il doit être une administration de missions, et se situer dans les interstices du pouvoir et de la société. Il doit se présenter comme le carrefour idéal où peuvent s'exprimer les aspirations des uns et des autres, où les intellectuels se sentent aussi à l'aise que les patrons, les syndicalistes, les dirigeants agricoles, les fonctionnaires. Bref, en laissant aller le Plan, on a confondu deux de ses fonctions. La planification qui, elle-même, se heurte aux contraintes d'une économie ouverte, qui rend plus difficile et la prévision et la programmation. Il faut donc passer de la programmation normative à une simple exploration du futur puis à la définition de grands chantiers pour l'action collective. Enfin, la planification est aussi l'endroit où tout le monde peut se rencontrer et s'exprimer. C'est ce que j'appelle l'aspect carrefour. Nous manquons cruellement de ce carrefour à la fois des acteurs et des idées. Et voilà pourquoi votre fille est muette ! Quand on parle de planification, inutile de sortir son revolver, le débat ne peut avoir lieu que si l'on précise exactement ce qu'on entend par cela. Je rêve qu'un jour on puisse réinstaurer un commissariat général à la Planification qui redonne à la France cette boîte nationale à idées dont nous avons tant besoin. La responsabilité est entre les mains du pouvoir politique. Veut-il, oui ou non, des débats transparents et innovateurs sur l'avenir ?

D. W. – Vous venez de dire que la difficulté est de penser la prévision en économie ouverte. Avec l'enchevêtrement des centres de décision et le fait que nous sommes dans une mondialisation des économies et des politiques, est-il encore possible, si je puis dire, de concevoir un lieu de prospective à caractère national ?

J. D. – C'est une raison de plus pour le maintenir. Plus l'incertitude est grande, plus on a besoin d'une longue-vue. L'approche peut être double. D'un côté, décrire les tendances lourdes de l'avenir. Par exemple, il est sûr que les nouvelles technologies de l'information arrivent. S'agit-il d'un progrès technique banal, ou d'un progrès technique englobant ? et porteur de multiples conséquences, bonnes ou mauvaises ? Autre exemple, la poursuite du phénomène d'urbanisation. On peut le quantifier, on peut analyser les fonctions des villes et leur paysage. C'est ce que j'appelle explorer le futur. Puis, il y a une autre méthode que l'on n'emploie jamais. Le gouvernement s'apprête à prendre une décision, a-t-il mesuré toutes les conséquences à long terme de la décision qu'il prend aujourd'hui ? En fonction des données internationales, des rapports de force, de la démographie, de l'évaluation des structures de consommation, des tendances lourdes des finances publiques ? Ce travail est indispensable. Et il est avantageux de le faire dans un endroit où tout le monde se sent à l'aise, sans se sentir piégé et en pouvant s'exprimer en toute franchise.

Intermédiaires sociaux

D. W. – C'est vrai, utiliser le Plan pour une réflexion sur l'avenir est probablement un des moyens de mobiliser les acteurs sociaux, par ailleurs difficilement mobilisables sur le présent. Mais cette planification démocratique de type français n'est-elle pas un peu contradictoire avec un projet militant ? Il s'agit tout de même d'une vision technocratique des rapports sociaux : on prend des représentants des forces sociales, on les assoit autour d'une table, on négocie avec eux et on travaille sur des problèmes importants. Mais, en définitive, le risque de déconnexion de ces fameux représentants du reste de la société est très fort.

J. D. – Tout est dans la santé des intermédiaires sociaux ! Si c'est le mode unique d'auscultation, cela ne va pas. Mais si, au contraire, il s'agit d'un des maillons d'une vie sociale stimulée par une représentativité plus grande des organisations syndicales, par une réactivation des conseils régionaux, par une mobilisation des acteurs sociaux – pour faire face au problème de désertification rurale, du meilleur fonctionnement des bassins d'emplois, de lutte contre l'exclusion sociale, de rénovation des quartiers déshérités –, alors, c'est la société entière qui bouge. On verra même que viendront de la base des innovations, des expériences réussies qui, synthétisées, enrichiront la réflexion menée au niveau national dans ce carrefour.

D. W. – Si j'énumère les causes du déclin du Plan, quelles sont celles qui vous paraissent les plus importantes : l'Europe, la mondialisation des économies, la perte d'intérêt de la classe dirigeante pour cette structure, la déception des syndicats, la limite des exercices de prospective ou la crise économique ?

J. D. – La perte d'intérêt de la classe dirigeante et la mondialisation de l'économie.

D. W. – Dernière question. Doit-on revaloriser le Plan ou, au contraire, inventer une autre logique ?

J. D. – Si demain vous faisiez une enquête auprès des vingt dirigeants politiques français les plus sérieux et que vous leur parliez soit du dialogue social, soit du Conseil économique et social, soit du commissariat du Plan, ils vous répondraient qu'il s'agit de grands-messes obligatoires mais décevantes. Ils y participent mais sans conviction. À ce moment-là, il vaut mieux arrêter car nous sommes dans un genre faux. Pour prendre l'exemple du dialogue social, les gouvernements successifs savent que les syndicats sont faibles et divisés, il suffit donc de les écouter, voire de les cajoler. Les syndicats savent que ce n'est pas la peine de prendre des risques puisque l'exercice ne servira à rien. Et le patronat, aujourd'hui, outre qu'il n'a pas donné à la dimension sociale toute l'importance qu'elle avait du temps de François Ceyrac[1], pense que l'essentiel de la politique sociale doit se jouer au niveau des entreprises. Et ce que je dis du dialogue social vaut pour les procédures du commissariat général du Plan et aussi pour le Conseil économique et social. Si la société ne supporte pas la lumière crue, elle ne supporte plus, non plus, le conservatisme social, et les relations fondées sur le « cher ami » qui ne veulent plus rien dire, sinon une complainte discrète et stérile.

La société a besoin de vérité, et même de brutalité dans le dialogue et dans les échanges, pour pouvoir retrouver sa santé.

1. Président du CNPF, patronat français, de 1972 à 1981.

D. W. – Quand pensez-vous être passé du statut d'expert au statut d'homme politique ?
J. D. – En 1979, quand j'ai été élu député européen. J'étais depuis longtemps un militant politique, mais qui, dans l'essentiel de sa vie professionnelle, pensait le progrès de la société en termes d'outils économiques et sociaux. Le citoyen, bien entendu, s'intéressait à la politique. J'ai milité longtemps dans les partis, ensuite, surtout dans les clubs, mais je ne suis vraiment passé au cœur de la politique que lorsque j'ai été élu député européen.
D. W. – Vous préférez la dénomination d'expert ou celle de fonctionnaire ?
J. D. – Les deux peuvent être raisonnablement associées.

Explorer des voies nouvelles

D. W. – Je prends quelques situations. Quels sont vos meilleurs souvenirs d'expert ? Quand vous étiez à la CFTC ? Quand vous avez été chargé des affaires sociales au Plan, en 1962 ? Quand vous étiez conseiller auprès de Jacques Chaban-Delmas ? Quand vous avez été expert au comité directeur du Parti socialiste ?
J. D. – Je pense que la période professionnelle dont je garde le meilleur souvenir, du point de vue de la satisfaction que je tirais de mon travail professionnel, est celle du commissariat général du Plan. C'était une position où l'on pouvait combiner réflexion et action, dialogue, écoute et influence. C'était une période au cours de laquelle on pouvait innover, explorer des sentiers nouveaux, sans se faire censurer. Une époque où l'on faisait vraiment de la prospective sans entrave d'aucune sorte. Mais ce n'était pas simplement cela. En réalité, les économistes,

sociologues, hommes de science politique qui s'intéressaient à la prospective venaient. Il y avait une sorte d'encouragement, de compétition fraternelle entre ce qui se faisait au Plan et ce que faisaient Bertrand de Jouvenel[1] et bien d'autres. Les intellectuels se sentaient encouragés, stimulés, considérés. D'un autre côté, nous étions consultés régulièrement par le pouvoir, nous avons influencé le cours des choses. Pour moi, c'est la vie professionnelle telle que je l'aime. J'ai aussi gardé un souvenir formidable de la période passée à la CFTC, soit à mon apprentissage du mouvement ouvrier que fut la période de Reconstruction, soit aussi quand il s'est agi, avec le rapport Bonety[2], d'avancer la réflexion sur la politique des salaires et sur les négociations articulées.

Nous avions vraiment le sentiment, là aussi, d'explorer des voies nouvelles. C'était donc une chimie d'un type tout à fait particulier qui était en place : comment être à la fois un syndicat de revendication et de proposition. Quant à la période Chaban-Delmas, elle me permit de tester mes idées au choc des réalités. Je ne regrette rien.

---

1. Intellectuel français, pionnier de la prospective, fondateur de la revue *Futuribles* (1903-1987).
2. Élu CFTC, auteur d'un rapport de 1961 sur la politique des salaires et des revenus.

PARTIE III

Une conscience européenne

Introduction

Bien qu'artisan principal du marché unique et de la monnaie unique, l'engagement européen de Jacques Delors n'est pas motivé au départ par des considérations purement économiques et par une logique d'efficacité, que procure la plus-value d'une action commandée à cette échelle ou son effet multiplicateur. Il remonte à la déclaration du 9 mai 1950 de Robert Schuman, dont il se souvient du retentissement. Comme d'autres de sa génération marquée par les deux guerres mondiales ayant meurtri notre continent, Delors avait été sensibilisé au message européen par son père mutilé durant la Grande Guerre, invalide, mais qui aspirait à ce que la France et l'Allemagne dépassent leurs passions ennemies pour se réconcilier. Il trouva plus tard dans la *Condition de l'homme moderne* (1961) de Hannah Arendt, qu'il a souvent citée, l'éclairage à l'aventure spirituelle animant la construction européenne originelle : celle du lien entre le pardon, qui n'est pas oubli, et la promesse pour que l'autre ne s'enfonce pas, après ses crimes, dans le désespoir.

Jacques Delors s'inscrivait volontiers dans les pas des pères fondateurs de la construction européenne, dont il louait la justesse des intuitions et la hardiesse des propositions. L'Acte unique (1986), qu'il engagea, poursuivit l'intégration européenne nécessaire à l'achèvement du marché intérieur. Il resta en particulier attaché aux vertus de la méthode communautaire, terminologie dont il regretta l'abandon par le traité de Lisbonne (2007). Sa pratique des institutions européennes reflète cette méthode. Sous sa présidence, la Commission usa amplement de son droit d'initiative et en toute indépendance. Elle se tint à une équidistance respectueuse du Conseil de l'Union européenne et du Parlement européen, duquel l'ancien député tenait à obtenir la confiance bien avant que cette procédure devienne obligatoire.

Européen de la première heure, Delors ne s'est jamais défini pour autant comme un pur fédéraliste. Conscient de l'histoire propre à chaque nation et plaidant pour que la subsidiarité guide la répartition des compétences – principe qu'il fit consacrer par le traité de Maastricht de 1992 –, il a résumé sa définition de l'Union européenne d'une formule à l'ambiguïté jamais dissipée : la « Fédération d'États-nations ».

Mais plutôt que se perdre dans des querelles institutionnelles, Jacques Delors s'interrogeait sur les moyens de « donner une âme à l'Europe ». Pendant sa présidence de la Commission, il fit appel à cette fin aux religions, aux créateurs artistiques, aux chercheurs universitaires et à d'autres parties prenantes de la société. Il mesurait les limites des initiatives majeures de sa Commission par la formule : « On ne tombe pas amoureux du marché intérieur. » Ce dernier et toutes les autres réalisations concrètes de l'intégration européenne doivent, pour tenir, être portées par une force supérieure à leur nécessité même la plus impérieuse. Aussi avait-il à cœur de forger une conscience européenne.

Plus encore après la chute du mur de Berlin en 1989 et l'ouverture à l'Est, qui allait entraîner de futurs élargissements à l'échelle du continent que la guerre en Ukraine a remis à l'agenda européen. Jacques Delors jugeait inévitable de considérer désormais le projet d'intégration à l'aune de la « grande Europe ». Sans empêcher que des coopérations plus poussées se développent en son sein, autrement dit que des formes d'intégration différenciée permettent la poursuite de l'approfondissement du projet européen.

Les années Delors correspondent à une période où ce projet est davantage tourné vers son propre accomplissement interne qu'accaparé par son rapport au monde, plus que jamais bousculé par des crises en série. Il savait pourtant que derrière le projet d'Europe unie se jouait la place de notre continent dans le monde, celle d'une « puissance généreuse », comme il l'appelait. « La survie ou le déclin », selon sa formule, résume plus que jamais le redoutable défi du projet européen aujourd'hui.

Le projet européen

« Faire de l'Europe unie un acteur politique qui compte[1] »

L'appel du 9 mai 1950 demeure, et nous en sommes tous heureux, un événement considérable. Sa commémoration a lieu, aujourd'hui même, dans plusieurs capitales européennes, et aussi devant l'Assemblée des Nations unies. Sollicité de toutes parts, j'ai choisi de répondre à l'invitation de Jean-Claude Juncker, pour cette cérémonie organisée par l'un des pays fondateurs. Car c'était pour moi l'occasion de me rendre dans une ville où avait séjourné Robert Schuman et aussi de rendre hommage au Luxembourg, qui a tant œuvré pour bâtir la maison Europe. Je voudrais donc dire toute mon estime à vos compatriotes qui ont si bien servi la cause européenne et, au risque d'oublier de nombreux acteurs de cette aventure, citer Joseph Beck, Pierre Werner (pour qui vous me permettrez d'avoir une pensée émue), Gaston Thorn, Colette Flesch,

1. Allocution pour le cinquantenaire de la Déclaration Schuman, Luxembourg, 9 mai 2000.

Jacques Santer, Jacques Poos et, bien entendu, l'actuel Premier ministre, ainsi que tous les collègues luxembourgeois qui ont œuvré au sein de la Commission européenne.

Il est bon, en ces circonstances, de rappeler dans quel contexte dominé par la peur l'initiative de Robert Schuman a vu le jour. Il en est résulté un traité, la Communauté européenne du charbon et de l'acier, qui a constitué la matrice de ce qui a pu être réalisé jusqu'à présent. Tout y était : le sens de notre action, bien entendu, mais aussi un schéma institutionnel génial qui a permis les avancées, la méthode dite communautaire qui aujourd'hui encore doit nous servir de référence.

Certes, chacun le reconnaît, le monde a changé depuis 1950 et vit actuellement une nouvelle mutation placée sous le signe de la mondialisation et d'un progrès technique bouleversant. Certains en tirent argument pour conclure que le modèle communautaire est dépassé ou bien connaît ses limites. Alors que se profile le plus grand élargissement que l'Union ait connu, il n'est pas inutile de revenir aux sources pour ouvrir un débat sur l'Europe de demain.

Un climat dominé par la peur

Revenons donc aux années 1949 et 1950, après cet inoubliable congrès de La Haye où, sous la présidence de Winston Churchill, plus de huit cents personnalités venues de presque tous les pays d'Europe occidentale et des milieux politiques, industriels, syndicaux et culturels communièrent dans l'enthousiasme et proclamèrent : « Plus jamais la guerre entre nous », avant de se diviser sur la conception d'une Europe unie. Jean Monnet et Robert Schuman retinrent la leçon et savaient dès lors qu'il faudrait trouver le projet concret et limité qui serait le détonateur ouvrant la voie à une aventure n'ayant pas d'équivalent dans l'Histoire.

Les responsables des six pays fondateurs durent alors travailler pour surmonter les divergences doctrinales, ou tout du moins pour les laisser de côté. Dans un contexte dominé par la peur, la peur d'un retour de la guerre, la peur de l'autre, alors que les cicatrices du dernier conflit étaient encore ouvertes et faisaient mal.

La peur de la guerre, paradoxalement peu d'années après la signature du traité de paix. Mais 1949 voit l'explosion de la première bombe atomique russe, faisant surgir le spectre de la guerre froide. La victoire de Mao Zedong annonce l'extension du communisme et, pour plus tard, l'émergence des pays asiatiques sur le plan économique, après l'indépendance conquise, au travers de conflits sanglants. Enfin, signe des temps, le maccarthysme fait des ravages en contrepoint du défi lancé par le communisme.

L'Europe occidentale s'inquiète car elle craint d'être embarquée à nouveau dans une terrible conflagration. Un grand débat s'instaure, d'autant que se profile un affrontement entre les deux Corée. Et d'ailleurs, le 23 juin 1950, quelques semaines après l'appel de Robert Schuman, les divisions nord-coréennes envahissent la Corée du Sud.

Les États-Unis, après quelques hésitations, interviendront dans le conflit. Ils s'inquiètent, eux aussi, pour l'Europe et plaident pour la réinsertion pleine et entière de l'Allemagne dans l'alliance de la liberté et de la démocratie. Le directeur du journal *Le Monde,* Hubert Beuve-Méry, relance la discussion en réclamant une certaine autonomie pour l'Europe qui la tiendrait à l'écart d'un affrontement entre les États-Unis et l'Union soviétique. D'autres Européens font pression dans la direction d'une alliance maintenue et même renforcée entre les États-Unis et l'Europe de l'Ouest.

On sait qu'après bien des péripéties, le projet ambitieux d'une Communauté européenne de défense allait échouer en 1954 et que, faute de mieux et pour rassurer les uns et les autres, allait se constituer l'Union de l'Europe occidentale.

Si je bouscule la chronologie en allant au-delà du 9 mai 1950, c'est pour caractériser cette époque et opposer deux approches, l'une par la politique proposant une défense commune, attribut essentiel de la souveraineté, l'autre par la stratégie des petits pas qui allait déboucher sur le traité de la CECA.

Les temps ont certes changé, mais le problème demeure : comment faire de l'Europe unie un acteur politique qui compte ? L'inspirateur, Jean Monnet, tournait ses perplexités dans sa tête. Il le raconte ainsi dans ses mémoires : « Qu'est-ce qui pourrait lier, avant qu'il ne soit trop tard, la France et l'Allemagne, comment enraciner dès aujourd'hui un intérêt commun entre les deux pays ? » Et ce fut la mise en commun de ce qui était à l'époque le nerf de la guerre : le charbon et l'acier.

Car la peur était dans les têtes. L'Allemagne, bien que vaincue, faisait peur. En France, notamment, la querelle était vive entre ceux qui voulaient cantonner le voisin d'outre-Rhin dans une autonomie limitée et privée de moyens et ceux qui, se rappelant les suites désastreuses du traité de Versailles, cherchaient le moyen de réintégrer progressivement l'Allemagne.

Et ce n'est pas un hasard de l'Histoire qui a fait que Robert Schuman fut l'homme de la situation. Ayant étudié et vécu dans l'Alsace-Lorraine occupée, arrêté par la Gestapo, évadé en août 1942, il était, comme l'inspirateur, hanté par l'impérieuse nécessité de la réconciliation franco-allemande.

« Les dures leçons de l'Histoire, disait-il, m'ont appris, à l'homme des frontières que je suis, à se méfier des improvisations hâtives, des projets trop ambitieux, mais elles m'ont appris également que lorsqu'un jugement est objectif, mûrement réfléchi, basé sur la réalité des faits et l'intérêt supérieur des hommes, il importe de nous y tenir fermement et de persévérer. »

Toute l'illustration de l'action de Robert Schuman se trouve dans cette longue phrase. Son inspiration, qui va au-delà de la méthode et de l'initiative du 9 mai, est remarquablement illustrée par Hannah Arendt, cette juive marquée par la Shoah, cette grande figure de la pensée occidentale qui, n'oubliant pourtant rien, nous proposa le paradigme du pardon et de la promesse.

En abordant ce thème redoutable, Hannah Arendt n'entend pas nier l'impardonnable, ni recommander l'oubli. Mais en associant le pardon et la promesse, elle permet de recréer la vie, de réintégrer dans la communauté des hommes libres et respectueux de la liberté des autres ceux que le poids du passé, des remords, voire de la culpabilité aurait pu conduire à l'exclusion et à la négation de tout espoir.

Hannah Arendt a traité de ces thèmes dans *Condition de l'homme moderne* paru en 1961, bien après l'appel du 9 mai. Et pourtant, comment ne pas voir la relation éthique entre ces deux personnalités ? Car notre philosophe fait appel à l'Évangile pour étayer sa thèse. Ainsi cite-t-elle l'Évangile selon saint Matthieu : « Si vous pardonnez aux hommes leurs manquements, Dieu vous pardonnera aussi… » Comment ne pas rapprocher cette référence de celle que fait constamment Robert Schuman à sa foi chrétienne ? Les termes sont un peu différents, mais l'esprit est le même. Retenons cette citation prélevée dans son recueil *Pour l'Europe* : « Et par un paradoxe qui nous surprendrait, si nous n'étions pas chrétiens – inconsciemment chrétiens peut-être –, nous tendions la main à nos ennemis d'hier, non simplement pour pardonner, mais pour construire l'Europe de demain. »

Quelle profondeur et quelle modernité dans cette règle de conduite. Le pardon sans l'oubli, la promesse pour permettre à l'autre de ne pas s'enfoncer dans le désespoir ou la vengeance. Songeons à ce que pourrait être la force de cette règle appliquée aujourd'hui en Bosnie et au Kosovo. Ne se lèverait-il pas, dans chaque camp, des hommes et des femmes capables à la fois de pardonner et de s'allier par la promesse que pourrait proposer l'Union européenne, précisément par l'engagement mutuel et contractuel ? Ainsi planterait-on quelques jalons de sécurité, avec le concours et l'aide de l'Union. Ainsi reconstituerait-on ces « solidarités de fait » dont Robert Schuman disait qu'elles seraient le plus sûr ciment de la compréhension mutuelle et de la coopération, puis de la réalisation d'un projet commun.

Ce projet, il nous a été donné en héritage. Et dans celui-ci, un traité, celui de la CECA, où tout était en germe.

Défense et illustration de la méthode communautaire

Le secret fut bien gardé. Sept personnes seulement – dont Konrad Adenauer – étaient au courant, lorsqu'il pénétra, le mardi 9 mai 1950, vers 18 heures, dans le salon de l'Horloge du Quai d'Orsay. Nul ne se doutait qu'il allait poser l'acte fondateur de la Communauté européenne. Cette association placée sous une haute autorité commune serait la première pierre, disait-il, « d'une fédération européenne indispensable à la préservation de la paix ».

Les réactions furent nombreuses et contrastées de la part des responsables politiques et professionnels. En revanche, l'appel ne perça pas le mur d'indifférence de la presse et de l'opinion publique. Il en fut d'ailleurs longtemps ainsi, concernant les faits marquants de l'histoire communautaire.

Toujours est-il qu'en présence de l'accord de principe entre Paris et Bonn, la Belgique, l'Italie, le Luxembourg et les Pays-Bas se joignirent à cette initiative. Un traité fut établi et signé à Paris, le 18 avril 1951, puis ratifié par les Parlements des pays concernés.

Sans vouloir trop insister, car on tombe vite dans l'exagération sur l'accord franco-allemand, il importe cependant de souligner que celui-ci transcendait bien des difficultés : les craintes que le Conseil de l'Europe – créé en 1949 – ne comble pas les espoirs mis en lui, ce qu'allait confirmer très vite Paul Henri Spaak en démissionnant de sa présidence, la coopération nécessaire pour assurer le succès du plan Marshall, les divisions entre Français sur l'attitude vis-à-vis de l'Allemagne, les modalités de réinsertion de cette dernière dans l'alliance occidentale.

Tout était, selon moi, dans ce traité de la CECA, un texte clair, sans considérations inutiles ni mauvaise graisse. L'expérience se chargera de prouver, en premier lieu, la validité du schéma institutionnel mis en place. Aujourd'hui, on peut, au risque de simplifier, le résumer ainsi : deux législatifs, le Parlement et le Conseil ; deux exécutifs, le Conseil et la Commission – à l'époque la Haute Autorité –, cette dernière ayant l'exclusivité du droit d'initiative ; un judiciaire, la Cour de justice.

Ce qui a permis, au-delà des hommes, des caprices de l'Histoire, de progresser, c'est la force de nos institutions. Jean Monnet disait d'elles : « L'expérience de chaque homme se recommence. Seules les institutions deviennent plus sages :

elles accumulent l'expérience collective et, de cette expérience et cette sagesse, les hommes soumis aux mêmes règles verront non pas leur nature changer, mais leur comportement graduellement se transformer. »

Si l'on touche à une de ces institutions, c'est alors tout un équilibre précieux, riche de ses réussites passées, qui est menacé. Or cette tentation a existé et existe encore. Elle se précise même, au fur et à mesure que s'efface la mémoire de ce qui a réussi et de ce qui a échoué, par le passé. D'où de multiples amendements et corrections empruntés au « salon des petits inventeurs de génie » et qui ne font que rendre l'ensemble indéchiffrable et non transparent. La leçon de la CECA, c'est aussi cet avertissement de succomber un jour sous le poids de l'hypercomplexité.

On pourrait multiplier les exemples concernant chaque institution, mais le jour n'est pas à la controverse. Rappelons simplement ce que disait Robert Schuman à ses collègues, durant un Conseil des ministres : « Vous n'êtes pas en train de négocier, vous êtes en train de trouver une solution. »

Ce traité de la CECA allait nous servir d'inspiration lorsque fut préparée la réforme des institutions qui aboutira à l'Acte unique. Un texte sobre, sans enflure qui, comme son illustre référence, portait en lui les atouts d'une révolution pacifique. Un texte qui doit beaucoup à la présidence luxembourgeoise, au Premier ministre Jacques Santer, au ministre des Affaires étrangères Jacques Poos, à leurs collègues et collaborateurs qui ont voulu et réalisé une coopération exemplaire avec la Commission. Certains chefs de gouvernement ne découvrirent que plus tard la portée d'un traité qui pourtant ne cachait rien, mais qui confirmait l'esprit et la lettre du triangle institutionnel, qui introduisait explicitement dans le contrat de mariage la cohésion économique et sociale, la perspective monétaire, la dimension sociale, la politique commune de l'environnement.

Les institutions communautaires n'ont pas de valeur qu'en elles-mêmes, par leur ingéniosité. Elles valent et vaudront surtout par leur esprit, esprit qui caractérise aussi ce que l'on appelle la méthode.

Actualité de la méthode communautaire

À ce stade, sans doute faut-il clarifier ce que l'on entend par là. Certains pensent, en premier lieu, à la méthode des petits pas, se référant ainsi à la Déclaration Schuman et à sa phrase la plus citée : « L'Europe ne se fera pas d'un coup, ni dans une construction d'ensemble ; elle se fera par des réalisations concrètes, créant d'abord une solidarité de fait. »

Il est vrai que ces cinquante années vécues en commun ont véritablement abouti à des « solidarités de fait » qui expliquent, pour partie, les bonds en avant réalisés depuis. Et aussi l'émergence d'un acteur international, notamment dans le domaine des relations commerciales.

D'autres mettent l'accent sur le cercle vertueux de l'engrenage, un progrès en appelant un autre. On a pu le vérifier dans les premières années du Marché commun, où les six pays membres réalisèrent les intégrations programmées avant les échéances prévues. Ou encore à partir de 1985, où l'adoption de l'Objectif 1992 d'un marché unique induisait un changement du traité – ce fut l'Acte unique –, puis le renforcement des politiques communes et des moyens financiers qui lui étaient consacrés. Une autre illustration de l'engrenage peut être trouvée dans l'émergence, dès 1988, de l'idée selon laquelle l'avènement d'un grand marché – fondé sur la liberté de circulation des personnes, des biens, des services et des capitaux – appelait une monnaie unique.

Mais la méthode communautaire est aussi, et même avant tout, un système institutionnel qui, lorsqu'il fonctionne bien, permet une bonne préparation des projets, un processus clair de décision et une bonne exécution. Si le triangle institutionnel fonctionne bien et est convenablement relié au Conseil européen, il est possible d'avancer, de gagner en lisibilité, de trouver les voies de la responsabilité démocratique et donc de la citoyenneté.

Si au contraire, le triangle s'enlise, pour de multiples raisons, si la Commission ne se voit pas reconnue dans la plénitude de ses droits et de ses devoirs, si le Conseil des affaires générales ne joue plus son rôle d'arbitre et de synthèse, alors le Conseil européen s'éloigne de ses bases et veut se charger de tout. Tel est le risque que court actuellement l'Union européenne, d'autant qu'elle doit faire face au défi du nombre d'adhérents qui, en soi, pose de redoutables problèmes d'organisation des institutions et des méthodes de travail.

Le passé nous fournit d'ailleurs bien d'autres exemples où la méthode communautaire fut ignorée, qu'il s'agisse du conflit entre la Commission Hallstein et les pays membres, du trouble causé par les rapports Fouchet 1 et 2, ou enfin de la longue crise liée à la contribution financière de la Grande-Bretagne. Les bonnes méthodes communautaires sont alors oubliées, non pas faute de propositions intéressantes, mais parce que le conflit domine tout. Pour ceux qui n'en seraient pas convaincus, il suffit de les renvoyer aux brillantes analyses et aux solutions proposées par la Commission Thorn, mais ignorées par les protagonistes de l'époque.

Mais des raisons d'optimisme existent. La prise de conscience se fait de la nécessité de redonner à chaque institution son rôle tel que défini par le traité fondateur. Le président Romano Prodi[1] a annoncé une réflexion d'ensemble sur la gouvernance de cet ensemble original et complexe qu'est l'Union européenne. Dès 1997, sous l'impulsion de Jean-Claude Juncker, alors président de l'Union, et selon son intuition d'appliquer au social la méthode des critères de Maastricht, une résolution dans ce sens fut adoptée à Luxembourg, avec le concours efficace de la Commission Santer. Comment concilier la volonté des Européens de lutter contre le chômage avec le fait que les politiques de l'emploi sont de compétence nationale et doivent être appliquées au plus près du terrain ? Pour surmonter cette contradiction, António Guterres proposa au dernier Conseil européen une méthode ouverte de coordination tendant à concilier la convergence des objectifs avec la diversité des moyens et des traditions de chaque pays.

Clarifier les compétences à chaque niveau, appliquer la subsidiarité, mieux préparer les décisions par une coopération étroite entre la Commission et un Conseil des affaires générales rénové, proposer de grandes orientations au Conseil européen, diversifier les modalités de mise en œuvre, telles sont les pistes d'une simplification et d'une amélioration des procédures de décision et des modes d'action.

Les commémorations sont non seulement l'occasion de témoigner notre reconnaissance à ceux qui nous ont ouvert la bonne voie, mais aussi d'exprimer espoirs et inquiétudes pour l'avenir. Agir ainsi, ce n'est pas gâcher la fête, mais s'efforcer

1. Président de la Commission européenne de 1999 à 2004.

de tirer du passé des enseignements valables pour le présent et pour l'avenir.

Je sais, vous le savez, réunifier l'Europe constitue notre devoir historique. Mais faire la grande Europe sans défaire la Communauté, tel est le redoutable dilemme auquel nous devons faire face. Ou plutôt qu'un dilemme comportant la nécessité d'un choix, l'obligation de réussir, dans le même temps, et pour reprendre les termes traditionnels, l'élargissement et l'approfondissement.

Réunifier l'Europe

Les deux parties de l'Europe ont été séparées, arbitrairement, durant ce dernier demi-siècle du fait du partage de Yalta et de la guerre froide. Ces événements pèsent lourd dans les consciences et dans les comportements. Mais n'oublions pas d'autres séparations qui, au cours des siècles, du fait de l'histoire et de la géographie, ont affecté notamment les pays aujourd'hui candidats : le schisme d'Orient d'abord et la séparation des Églises orientales de celle de Rome, la conquête ottomane ensuite, le poids des souffrances et frustrations sous le régime communiste, et, ceci étant la conséquence de cela, les profondes disparités dans le développement économique et social.

Nous allons accueillir de vieilles nations – mais de jeunes États – placés sous le signe de la discontinuité, des pays dont les frontières ethniques ne coïncident pas toujours avec les frontières politiques et qui ont le légitime souci d'affirmer leur souveraineté retrouvée.

Avons-nous vraiment cherché à comprendre des mentalités et une histoire différentes de la nôtre ? Reconnaissons-le.

Au-delà des difficultés inhérentes à l'adaptation économique et législative de ces pays à la situation de l'Union, il existe bien des malentendus d'ordre politique et culturel. Aussi devrions-nous nous exercer, selon la formule d'un sénateur tchèque, Josef Jařab[1], « à reconnaître les "différences" pour les respecter et en tirer les leçons ».

Souvent marqués par leur douloureux passé, moins nantis matériellement que nous le sommes, les Européens de l'Est et du Centre sont plus ouverts que nous à ce « rêve européen ». Ne les décevons pas, par des promesses illusoires ou démagogiques. Demandons-leur plutôt d'apporter leur pierre à la construction commune, sans leur dissimuler les obstacles qui restent à franchir.

En dehors de deux nations très peuplées, il s'agit de nations de taille moyenne ou même de petites nations. Écoutons Milan Kundera nous en parler : « Il me semble souvent que la culture européenne connue recèle une autre culture inconnue, celle des petites nations… Celles-ci savent que leur existence peut à n'importe quel moment être remise en question, qu'elles peuvent disparaître. »

Ces considérations vous paraîtront peut-être éloignées de notre propos d'aujourd'hui et plus encore de l'agenda prévu par la conférence intergouvernementale en cours. Mais elles justifient, à mon sens, que nous nous interrogions sur le seul sujet qui vaille : « Que voulons-nous faire ensemble ? » Ou, autrement dit, jusqu'où sommes-nous disposés à aller pour obtenir, par l'intégration politique, ce qui nous tient à cœur et que nous ne pourrons pas réaliser pour notre propre compte, chacun de

1. Universitaire tchèque actif durant la révolution de Velours de 1989, sénateur (1937-2023).

notre côté ? Il ne s'agit pas d'un prétexte pour dissuader les candidats. Notre mission historique est de rassembler tous les pays d'Europe, mais avec des objectifs réalistes correspondant à notre diversité accrue.

La mondialisation en cours nous oblige d'ailleurs à constituer ce grand ensemble capable d'en tirer les profits, mais d'en éviter les excès. Bâtissons un ensemble géopolitique qui pourra servir d'exemple le jour où les organisations internationales et les grandes nations voudront bien fixer les règles du jeu d'une mondialisation réussie.

Ce grand ensemble n'aurait pas à s'assigner des objectifs aussi ambitieux que ceux inscrits dans le traité de Maastricht, alors même qu'à Quinze nous éprouvons bien des difficultés pour en réaliser ne serait-ce qu'une partie. N'entretenons donc pas des illusions qui pourraient nous conduire à de graves échecs.

Dans une telle perspective, ne serait pas oubliée l'autre grande préoccupation des pays candidats, à côté de la modernisation économique et sociale, je veux parler de la sécurité dont pourrait se saisir la conférence européenne qui réunit pays membres et pays candidats. Il suffirait de lui fournir les moyens d'un suivi quotidien des problèmes concernés et de prévoir les concertations nécessaires. M. Pesc[1] et la Commission pourraient s'en charger.

Cette double démarche équivaudrait à une refondation spirituelle et politique du projet européen enrichi par l'apport des nouveaux pays candidats, comme le souligne Vaclav Havel : « J'estime que l'Occident démocratique et riche lui aussi, probablement lui avant tout, a besoin d'autoréflexion morale qui

---

1. Haut représentant de l'Union aux affaires étrangères et à la politique de sécurité commune (PESC).

l'empêcherait de sacrifier l'avenir au présent. Il me semble que malgré l'importance de l'aide qu'il nous apporte depuis la chute du rideau de fer, nous pouvons lui rendre un service en partageant avec lui l'expérience qu'il n'a pu faire au cours des décennies passées. »

Si l'accord se faisait sur les deux objectifs réalistes de l'élargissement que je viens de mentionner, alors serait-il possible de concilier élargissement et approfondissement par la création d'une avant-garde. Une avant-garde ouverte à ceux qui, un jour ou l'autre, pourront et voudront la rejoindre.

Il s'agit, faut-il le rappeler, de poursuivre la voie déjà entamée vers l'intégration économique et monétaire, le progrès social, le développement écologique, la constitution d'une force européenne de projection pour assurer les missions de Petersberg[1], la conduite de vraies actions communes en matière de politique étrangère, la constitution d'un espace de sécurité pour les personnes.

Une philosophie institutionnelle originale

En agissant ainsi, nous resterions fidèles aux pères de l'Europe que nous célébrons aujourd'hui à travers l'acte fondateur du 9 mai 1950. Car ils voulaient non seulement la paix et la liberté, mais une Europe puissante et généreuse à la fois, capable de répondre aux défis lancés par les mutations contemporaines.

Ils nous ont légué – à cette fin – une philosophie institutionnelle originale qui concilie le souci de l'efficacité quotidienne

1. Missions humanitaires, d'évacuation de ressortissants, de maintien de la paix définies en juin 1992 à Petersberg, du nom de l'hôtel près de Bonn où étaient hébergés les hôtes étrangers de l'Allemagne.

avec le respect des souverainetés nationales et de la subsidiarité. Certes, je le répète, les changements du monde sollicitent notre capacité d'adaptation et d'innovation, mais sans pour autant condamner un système qui a fait ses preuves.

Il suffit de revenir à l'esprit qui caractérisait le traité de la CECA, d'appeler chaque institution à se réformer pour rester fidèle à l'inspiration d'origine. Telle est la tâche qui nous incombe aujourd'hui, si nous voulons concilier efficacité et responsabilité, saine compétition, coopération et solidarité.

Ces propos, je le sais, heurtent le climat de contentement qui accompagne cette fuite en avant que la Commission dénonçait déjà au Conseil européen de Lisbonne, en 1992, alors qu'il n'était question déjà que de l'élargissement de l'Union à Douze.

Sans vouloir pousser l'analogie plus loin qu'elle ne doit l'être, je voudrais ici rappeler une anecdote racontée par Albert Coppé[1], lors du quarantième anniversaire de la Déclaration Schuman. En 1969, notre ami belge interpellait son ministre en lui disant : « Vous allez nous élargir à eux sans avoir commencé à approfondir. » Il lui fut répondu : « C'est trop tard, c'est engagé. »

Ce raisonnement, je l'entends souvent ces temps-ci. Comme s'il était trop tard pour bien faire. Comme si la multiplication des *opting out* et des coopérations renforcées pouvait résoudre le problème alors qu'elles ne feront qu'aggraver la complexité du système aux dépens de l'efficacité et de la transparence.

La célébration du 9 mai 1950 m'a fourni le prétexte pour vous entraîner dans un débat de grande actualité. Je n'avais pas l'intention d'en poser objectivement tous les termes, ce qui nous aurait entraînés trop loin. Non, mon seul désir est

1. Homme politique belge social-chrétien, ancien commissaire européen (1911-1999).

que le débat s'ouvre dans toute son ampleur, sans scepticisme ni cynisme. Et qu'il se poursuive, tant est vitale sa nécessité, au-delà des conclusions de la conférence intergouvernementale en cours, dont certains disent déjà qu'elle en appellera une autre avant tout élargissement.

Ce qui nous y encourage est le message apporté par les pères de l'Europe, dont Robert Schuman. Ils nous ont démontré que la manière de faire était déterminante, le réalisme incontournable, mais que sans vision de l'avenir, sans un cœur qui bat pour la fraternité humaine, il est vain de vouloir influer sur le destin.

Institutions européennes

« Soyons assez puissants pour nous faire respecter[1] »

J'ai l'honneur de m'adresser à vous alors que le Collège d'Europe fête ses 40 années d'existence. Ici, à Bruges, si durant toute cette époque la construction européenne a connu ses heures d'espoir et de progrès, mais aussi de longues périodes de désespérance et de stagnation, on peut dire que la foi en l'Europe n'a jamais manqué. Votre recteur l'affirmait, il y a dix ans, dans une conception à la fois pluraliste et rigoureuse de l'Europe. Il écrivait : « Former la conscience européenne, développer le sentiment d'appartenance à l'Europe en tant que communauté de civilisation et de destin, voilà qui est dans la plus droite ligne de la grande tradition universitaire de l'Occident. »

C'est une heureuse coïncidence qu'en cette année 1989 votre Collège ait choisi de rendre hommage à Denis de Rougemont,

1. Discours inaugural de l'année académique du Collège d'Europe, Bruges, 17 octobre 1989.

une personnalité trop peu connue qui nous laisse une œuvre considérable, par ses écrits et aussi par son action.

Si vous m'autorisez à donner un tour plus personnel à l'évocation de Denis de Rougemont, et bien que n'ayant jamais eu la chance de travailler avec lui, je voudrais vous dire simplement ce qui m'attache à lui ou, plus modestement, les raisons qui font que je m'efforce d'utiliser son apport intellectuel et politique.

Principe de subsidiarité

En tant que militant européen tout d'abord, je continue, comme beaucoup d'autres, l'action qu'il a entreprise, en son temps et à sa mesure. Il s'est beaucoup réclamé du fédéralisme, auquel il prêtait de nombreuses vertus. Il y voyait à la fois une méthode, une approche de la réalité et un style d'orientation sociale. Pour ma part, j'ai souvent l'occasion de recourir au fédéralisme comme méthode, en y incluant le principe de subsidiarité. J'y vois l'inspiration pour concilier ce qui apparaît à beaucoup comme inconciliable : l'émergence de l'Europe unie et la fidélité à notre nation, à notre patrie ; la nécessité d'un pouvoir européen, à la dimension des problèmes de notre temps, et l'impératif vital de conserver nos nations et nos régions, comme lieux d'enracinement ; l'organisation décentralisée des responsabilités, afin de ne jamais confier à une plus grande unité ce qui peut être mieux réalisé par une plus petite. Ce que l'on appelle précisément le principe de subsidiarité.

En tant que personnaliste aussi, disciple d'Emmanuel Mounier dont le rayonnement, j'en suis sûr, redeviendra très important au fur et à mesure que les Européens, notamment, prendront conscience des impasses d'un individualisme forcené, de même qu'ils rejettent depuis quelques années le collectivisme et sa forme atténuée, l'État tuteur de toute personne et de toute chose.

Je suis donc heureux d'apporter ici ce témoignage à un homme qui a, durant toute sa vie, labouré les champs de l'espérance. Il est d'ailleurs significatif qu'au congrès de La Haye de 1948 lui ait été confié le soin de participer à la rédaction et de donner lecture du message aux Européens : « La vocation de l'Europe, affirmait-il, se définit clairement. Elle est d'unir ses peuples selon leur vrai génie, qui est celui de sa diversité, et dans les conditions du XXe siècle qui sont celles de la Communauté, afin d'ouvrir au monde la voie qu'il cherche, la voie des libertés organisées… La conquête suprême de l'Europe s'appelle la dignité de l'homme et sa vraie forme est dans la liberté. Tel est l'enjeu final de notre lutte. C'est pour sauver nos libertés acquises, mais aussi pour en élargir les bénéfices à tous les hommes, que nous voulons l'union de notre continent. Sur cette union, l'Europe joue son destin et celui de la paix du monde. »

Mais s'il était encore avec nous, j'aurais aimé débattre avec lui de deux points sensibles pour notre avenir commun. Denis de Rougemont croyait à ce que j'appellerais le « *bottom up* », la reconstruction par le bas, à partir de petites unités fondées comme naturellement par la solidarité des intérêts et la convergence des sentiments. C'est indispensable, mais insuffisant. D'autres, et je suis de ceux-là, doivent parallèlement œuvrer dans le « *top down* » (pour poursuivre avec une expression anglaise) : trouver les voies de l'intégration par le haut, sans laquelle les petites rivières des solidarités de voisinage ne conflueront jamais vers un grand fleuve. Et puis, Denis de Rougemont détestait la puissance. Je le cite encore : « La puissance, écoutez bien cela, car toute ma pensée s'y résume, la puissance, c'est le pouvoir qu'on veut prendre sur autrui, la liberté, c'est le pouvoir qu'on peut prendre sur soi-même. »

Sans nier les mérites philosophiques et spirituels d'une telle affirmation, je voudrais souligner mon désaccord, en me situant au niveau du politique. Dans cette optique, la puissance n'est pas fatalement le contraire de la liberté. Non. La Communauté européenne n'existera vraiment, et les peuples et nations qui la composent, que si elle a les moyens de défendre ses valeurs et de les illustrer au service de tous, en un mot d'être généreuse. Soyons assez puissants pour nous faire respecter et pour promouvoir nos valeurs de liberté et de solidarité. Dans un monde comme le nôtre, il ne peut en être autrement.

La puissance, je l'associerai à l'exigence de la nécessité que j'ai tant invoquée pour provoquer la relance de la construction européenne. Et je voudrais, aujourd'hui, la resituer au service de l'idéal. Car, je vous pose la question, où mènerait la pression de la nécessité sans une vision de ce que l'on veut accomplir ? Et, à l'inverse, quelle portée aurait un idéal sans la volonté et les moyens d'agir ? Le moment est venu, me semble-t-il, de réconcilier explicitement la nécessité avec l'idéal.

Pour ce faire, nous pouvons puiser dans nos expériences et dans nos patrimoines historiques, mais aussi dans la force de nos institutions. Je voudrais en souligner l'importance, à un moment où chacun peut prendre conscience des limites d'une action menée avec les seuls moyens nationaux. Les chantiers en cours de la construction européenne, qu'il s'agisse de sa dimension sociale ou de la nouvelle frontière que constitue l'Union économique et monétaire, nous offrent la possibilité d'un exercice en commun de la souveraineté, tout en respectant nos diversités et donc les principes de pluralisme et de subsidiarité.

Car si j'ai tant insisté sur les institutions, c'est qu'il y a urgence. L'Histoire n'attend pas. Face aux bouleversements de grande ampleur qui secouent le monde, et plus particulièrement les autres « Europe », il est essentiel que la Communauté, forte d'un dynamisme retrouvé, renforce sa cohésion et se fixe des objectifs à la dimension des défis que l'Histoire nous a récemment lancés.

L'Europe de l'idéal et de la nécessité

Il n'y a de place dans l'Histoire que pour ceux qui voient loin et large. C'est la raison pour laquelle les « pères fondateurs » de l'Europe sont encore présents, aujourd'hui, par leur inspiration et par l'héritage qu'ils nous ont transmis.

Voir large, c'est prendre en compte les évolutions du monde, autant géopolitiques qu'économiques, et aussi le mouvement des idées, l'évolution des valeurs essentielles qui animent nos contemporains. Les pères fondateurs voulaient que cessent les guerres civiles européennes : « Plus jamais la guerre entre nous. » Mais ils avaient aussi l'intuition que notre Europe avait cessé d'être le centre économique et politique du monde. Leur thèse se vérifie sous nos yeux, à tel point que durant les années 1970, la dramatique alternative qui se posait à nous était : la survie ou le déclin. Pour l'avoir répété sans cesse à l'époque, j'ai souvent choqué. Mais, peu à peu, la nécessité du sursaut s'est imposée et a permis de faire accepter l'Objectif 1992 du grand marché sans frontières ; puis, dans une sorte de cycle vertueux, la révision du traité de Rome (l'Acte unique) et, enfin, ce que l'on appelle le paquet Delors, c'est-à-dire l'indispensable réforme financière pour se doter des moyens de notre ambition. Ainsi l'Europe a-t-elle été réveillée par les alarmes de la nécessité.

Voir loin, c'est tout à la fois puiser dans notre patrimoine historique et se projeter en avant. La prospective y a sa part, mais aussi une éthique de la personne, de la société et de l'aventure humaine. On ne fait rien sans passion, disaient des ouvriers condamnés à voir leur entreprise disparaître.

Voilà, bien franchement, ce qui nous manque le plus aujourd'hui. J'affirme, sans angélisme aucun, que la théorie des nations monstres froids n'a plus rien à faire dans le mode de vie interne de la Communauté, si celle-ci veut véritablement mériter sa belle appellation. Nos inévitables conflits d'intérêts doivent être transcendés par cet esprit de famille, cette intime conviction des valeurs partagées.

Parmi celles-ci, soulignons la valorisation mutuelle de nos personnalités par la connaissance de l'autre et par l'échange. Les jeunes générations sont très sensibles à ce nouvel horizon d'expérience et de rencontre. Elles refusent les niches exclusives, veulent aller au-devant d'esprits inconnus, explorer des terres nouvelles. Le Collège de Bruges est, à sa manière, le laboratoire vivant de cette Europe en voie de se faire.

Oui, il est temps de faire renaître l'Europe de l'idéal.

Mais il fallait passer par la nécessité. Alors que la Communauté à Douze est courtisée par les uns, menacée par les autres. Alors que, négligeant le ciment qui nous unit déjà, certains nous proposent une fuite en avant, au nom de la grande Europe, ou bien ne nous offrent comme référence ultime que les lois du marché. À ceux-là, nous devons rappeler que notre Communauté est non seulement le fruit de l'Histoire et de la nécessité, mais aussi de la volonté. [...]

Question de volonté. Je sais que l'on a parfois abusé, dans une sorte d'incantation, de ce mot. Mais c'est bien la volonté politique qui a fait que six pays, puis neuf, puis dix, puis douze ont, en toute connaissance de cause, décidé d'unir leur destin. Le contrat qui les lie est clair. Il comporte à la fois des droits et des devoirs.

L'Histoire, enfin, dont les Douze ne sont pas maîtres, mais dont ils redeviennent des acteurs influents. Non, ils ne souhaitaient pas que par le décret de Yalta, l'Europe soit non seulement coupée en deux, mais devienne l'enjeu exposé de la guerre froide. Non, ils ne fermaient pas et ne ferment pas la porte à d'autres pays européens, si ces derniers acceptent la totalité du contrat.

Avec les bouleversements en cours en Europe de l'Est, la problématique change. Il ne peut être seulement question de savoir quand et comment tous les pays européens pourront bénéficier de l'effet stimulant et des avantages d'un grand marché. Notre époque est par trop dominée par un nouveau mercantilisme et les jeunes Européens attendent plus de nous. Allons-nous nous dérober ? Je vous pose la question.

Ne nous y trompons pas. Au-delà d'un nationalisme triomphant et d'un individualisme exacerbé, l'éthique revient en force. Les progrès de la science nous y obligent. Jusqu'où, par exemple, acceptons-nous les manipulations génétiques ? Il nous faut une éthique du vivant, donc promouvoir notre conception de la personne humaine et de son intégrité. La nature, pillée ou délaissée selon les cas, nous revient comme un boomerang sous forme de dérèglements et de troubles inquiétants. Il nous faut aussi une éthique des relations entre l'homme et la nature. Lorsque des millions de jeunes frappent en vain à la porte de la société des adultes, notamment pour avoir leur place dans la vie professionnelle, lorsque des millions de retraités – encore dans la force de l'âge – sont mis à l'écart de toute réelle participation sociale, la question se pose : quelle société bâtissons-nous ? Une société de l'exclusion ?

Rappelons-nous que l'Europe a toujours été le continent de l'inquiétude et donc de l'interrogation, à la recherche d'un humanisme accordé à son temps, à l'origine des idées qui font le tour du monde.

Oui, il est temps de revenir à l'idéal, d'en être pénétrés, au travers de chacune de nos actions dans le champ du politique, de l'économique, du social et de la culture, continuons à nous interroger sur ce qui peut permettre à chaque homme, à chaque femme de s'épanouir, dans une conscience non seulement de ses droits, mais aussi de ses devoirs vis-à-vis de l'autre et de la société. Efforçons-nous de recréer constamment des collectivités humaines où la personne peut vivre et rayonner, se construire par l'échange et la coopération avec les autres.

Bien sûr, dès que nous aborderons franchement les rivages de l'humanisme, il y aura débat entre les Européens. Des conceptions s'opposeront, mais des synthèses surgiront pour le plus grand bien de la démocratie et de l'Europe. Car la Communauté, je le répète, est un concept chargé de sens.

« *Where there is no big vision, the people perish*[1] », disait Jean Monnet en faisant sienne cette phrase de Roosevelt. Nous vivons, à cet égard, une aventure unique. Nous bâtissons, certes en nous référant à des principes hérités de l'expérience historique, mais dans des conditions si particulières que le modèle lui aussi sera unique, sans précédent historique.

1. « Là où il n'y a pas de vision d'ensemble, les gens périssent. »

Nous devons beaucoup à la force de nos institutions, car nous sommes une Communauté de droit. Nous ne réussissons que par l'exercice mené lucidement, en commun, de la souveraineté.

Légitimité et efficacité

Méditons un instant sur la force de nos institutions, à commencer par la légitimité, sans laquelle – les expériences précédentes d'unité entre États le démontrent par défaut – il n'est possible ni de progresser, ni de s'inscrire dans la durée.

Dans la Communauté, l'Histoire ne s'avance pas masquée, les dispositions des traités sont là, dûment ratifiés par les Parlements nationaux, expression des volontés nationales. La Cour de justice joue un rôle irremplaçable pour trancher les divergences d'interprétation. Le Conseil européen, inscrit désormais dans le traité, permet aux chefs d'État et de gouvernement d'évaluer les progrès et de constater les retards ou les manques par rapport au contrat qui nous unit et nous oblige. Il peut impulser et corriger. Et, fait nouveau, la Commission européenne se fait un devoir de soumettre au Conseil européen des bilans de l'action et des perspectives pour aller de l'avant. Elle prend au sérieux les communiqués issus du Conseil européen et ne manque pas de rappeler aux Douze les engagements pris. Ainsi la Communauté se différencie-t-elle, de plus en plus nettement, de ces forums internationaux d'où sortent des résolutions pleines de bonnes intentions, mais hélas ! rarement appliquées. [...]

Mais la force de nos institutions se mesure aussi à l'efficacité. On ne soulignera jamais assez, à cet égard, le génie des concepteurs du traité de Rome. Quelle exigence pour qui se réfère à l'esprit de ce traité ! Pour la Commission, tout d'abord, dans son devoir de faire respecter les règles du jeu, d'être le notaire des engagements pris, de mettre en œuvre les décisions du Conseil, pour peu que celui-ci lui en donne les moyens. De ce point de vue, nous sommes encore loin du compte et plus précisément des visées de l'Acte unique. Mais surtout la Commission européenne prend toutes ses responsabilités à travers son droit d'initiative. Et chacun lui reconnaît le mérite d'avoir, en temps opportun, proposé les objectifs, voies et moyens de la relance de la construction européenne.

La Commission européenne entend poursuivre avec le même dynamisme, mais à la condition qu'elle soit capable de penser et d'imaginer les futurs possibles. Que l'on nous comprenne bien. La Commission ne doit jamais succomber à l'ivresse de ses pouvoirs. Elle applique rigoureusement le principe de subsidiarité. Elle ne doit pas davantage ignorer les conditions d'un compromis dynamique entre les Douze, et pour cela mieux comprendre chaque peuple, chaque nation. Elle en tire les enseignements et recherche inlassablement le consensus. Au total, elle doit avoir le courage de dire non chaque fois que l'on veut ignorer l'esprit ou la lettre du traité. Mais aussi le courage de s'effacer, lorsque cela est nécessaire, au profit de la cause européenne.

Cette force du droit, cet ensemble démocratique qui se conforte, le Parlement européen l'illustre à son tour. Il y a débat, je le sais, sur le déficit démocratique et, n'en doutez pas, il y aura demain un renforcement des pouvoirs de l'assemblée de Strasbourg. Mais, en attendant, comment passer sous silence l'influence grandissante qu'exerce le Parlement européen, tel qu'il est, sur le cours de la construction européenne ? Je vous pose la question : aurait-il été aussi aisé de provoquer la conférence intergouvernementale qui a conduit à l'Acte unique si le Parlement européen n'avait pesé de toutes ses forces, sur la base du projet de traité qu'il avait adopté, à l'initiative de ce grand Européen, Altiero Spinelli[1] ?

Cette communauté de droit, beaucoup nous l'envient, d'où son rayonnement. Quelle référence pour les nations de l'Europe de l'Est que cet ensemble institutionnel qui permet à chaque pays membre, quelle que soit sa taille ou sa force, de dire son mot, d'apporter sa pierre à l'édifice commun ! Ces nations et bien d'autres dans le monde admirent les travaux pratiques de la démocratie plurielle que nous menons, en commun, dans le mouvement et le progrès.

Qui, voyant cela, oserait encore nous demander de diluer ces institutions dans un ensemble plus vaste et d'inspiration intergouvernementale ? Ce serait jeter la proie pour l'ombre, ce serait une erreur tragique pour l'Europe et pour la Communauté. La réussite de cette Communauté de droit n'a cependant pas pour autant fait cesser les querelles sur la souveraineté. Il faut donc s'en expliquer franchement.

L'exercice en commun de la souveraineté

Une approche purement dogmatique ne mènerait à rien. Elle ne ferait qu'exacerber les discussions difficiles qui nous attendent, rendre plus malaisée la levée des derniers obstacles sur la route de l'Objectif 1992.

1. Homme politique italien communiste, fédéraliste, ancien commissaire et ancien député européen (1907-1986).

Les faits sont là qui doivent amener chaque nation à s'interroger sur ce que sont concrètement ses marges de manœuvre et d'autonomie dans le monde actuel. Qu'il s'agisse de l'interdépendance croissante des économies, de la mondialisation de la sphère financière (que l'actualité nous rappelle), du poids existant ou grandissant des principaux acteurs de la scène mondiale, tout concourt à une double exigence.

En premier lieu, les nations doivent s'unir lorsqu'elles se sentent proches les unes des autres, par la géographie, l'histoire, les finalités essentielles… et aussi la nécessité. En second lieu, ou mieux parallèlement, la coopération doit se développer de plus en plus au niveau mondial pour traiter notamment du commerce international, du système monétaire, du sous-développement, et aussi de l'environnement ou de la lutte contre la drogue.

Les deux voies ne sont pas concurrentes mais complémentaires. Car, pour exister au niveau mondial, pour peser sur les évolutions, encore faut-il avoir les atouts – et pas seulement les atours – de la puissance, c'est-à-dire les moyens de la générosité, sans laquelle il n'est pas de grande politique.

Or l'Europe ne pèse pas encore beaucoup, même si, comme je l'ai souligné, notre regain économique impressionne nos partenaires et rassure les Européens. L'origine de nos carences est claire. Elle réside dans la fiction – délibérément entretenue – de la pleine souveraineté, et par conséquent de l'efficacité absolue des politiques nationales.

On connaît la réponse rassemblée dans une formule lapidaire : parler d'une seule voix. C'est en réalité plus qu'une formule, c'est une manière d'être que confortent nos institutions et que justifient les résultats obtenus, là où nous avons accepté l'exercice en commun de la souveraineté. *A contrario*, la démonstration par l'absurde conforte aussi cette analyse. Que l'on songe, alors que pourtant le traité instaure une politique commerciale commune, aux lacunes de celle-ci. Elles s'expliquent souvent par le cavalier seul de certains pays ou par une mauvaise évaluation de leurs propres intérêts. Ou encore par notre impuissance à contribuer d'une manière décisive à la solution des problèmes de l'endettement et du sous-développement. Alors qu'une action vraiment commune aurait la force de déplacer les montagnes des égoïsmes et des hégémonies. Puis-je rappeler ici ce que déclarait Sir Geoffrey Howe[1] le 19 juillet dernier ? « Les nations souveraines de la Communauté européenne, partageant leur souveraineté en toute liberté, se construisent un rôle clé dans l'exercice du pouvoir du siècle à venir. »

Et nous en revenons tout naturellement à nos institutions. Chacun se rappelle les débats qui ont paralysé la Communauté dans les années 1960 à propos du processus de décision communautaire et qui ont abouti au pseudo-compromis de Luxembourg. Depuis l'Acte unique, une dynamique s'est instaurée grâce à l'extension du vote à la majorité qualifiée. Parfois, le Conseil vote, parfois il trouve plus sage de ne pas minoriser certains pays membres et d'adopter sans vote telle ou telle décision. Grâce à ce progrès institutionnel, la Communauté marche à grands pas vers le marché unique et renforce ses règles ou ses politiques communes. Au profit de quelques-uns ? Non, au profit de tous, dans une sorte de jeu à somme positive.

En d'autres termes, et pour simplifier, au triangle « inégalité – unanimité – immobilisme », nous avons substitué un autre triangle, celui de la réussite : « égalité – majorité

1. Conservateur britannique (1926-2015).

– dynamisme ». Il conviendra de tirer toutes les leçons de cette expérience lorsque le moment sera venu d'améliorer à nouveau notre schéma institutionnel.

Convergence accrue des économies

D'ailleurs, cette échéance ne saurait tarder. L'Union économique et monétaire se situe en effet, par ses finalités mêmes, au croisement de l'intégration économique et de l'intégration politique. Qu'est-elle donc, sinon l'achèvement politique de la convergence des économies ? Elle illustre parfaitement l'exercice en commun de la souveraineté puisqu'un marché unique des capitaux et des services financiers exige, dans notre monde dominé par la sphère financière, une politique monétaire assez coordonnée et assez forte pour nous permettre de tirer avantage du grand espace ainsi créé. Sans cela, nous courrons le risque d'être soumis aux aléas de la spéculation internationale et de l'instabilité des monnaies dominantes.

L'union monétaire n'est acceptable et possible que si l'on progresse parallèlement sur la voie d'une convergence accrue des économies, de manière que soient assurées la cohérence entre les différentes politiques et leur mise au service des finalités définies en commun. Le consensus existe sur l'expansion économique dans la stabilité, une croissance qualitativement meilleure et plus créatrice d'emplois. Ces finalités ne peuvent, en bonne règle démocratique, être définies que par les autorités politiques mandatées par nos citoyens. Il importe donc de combiner l'indépendance du pouvoir monétaire, garant de l'objectif de stabilité, la subsidiarité indispensable pour permettre à chaque nation de conduire sa politique dans des domaines qui lui demeurent propres et enfin le contrôle des élus du peuple, à travers le Parlement européen, les gouvernements et les Parlements nationaux.

Rappelons-le avant que certains ne nous égarent loin du chemin : l'Union économique et monétaire est décidée. Deux Conseils européens l'ont confirmé. Le rapport du comité d'experts que j'ai présidé constitue une base essentielle pour la discussion, comme l'a déclaré le Conseil européen. Il reste à construire le schéma institutionnel fidèle aux principes que je viens de rappeler et adapté aux nouvelles tâches de la Communauté.

Au cœur de la réflexion et des débats qui vont s'engager sur ce point, se situe la subsidiarité. Le principe est clair, il reste à en définir, en l'espèce, les modalités d'application. Le rapport déjà cité sur l'Union économique et monétaire est précis sur le sujet. Un centre de décision monétaire définit une politique commune, pour l'intérieur comme pour l'extérieur, mais sa structure fédérale garantit que chaque banque centrale nationale participe à la décision collective et applique, à son niveau et avec des marges de manœuvre substantielles, les orientations adoptées en commun. Le Conseil des ministres travaille à la convergence des fins et des moyens de la politique économique, mais chaque nation conserve les ressources nécessaires pour financer les politiques qu'elle décide dans les domaines de la sécurité externe ou interne, de la justice, de l'éducation, de la santé, des systèmes de couverture sociale, de l'aménagement du territoire… et j'en oublie. Elle dispose, à cet effet, d'environ 95 % des finances publiques puisque le budget communautaire demeure, en tout état de cause, limité au financement des politiques communes, de l'agriculture aux programmes de coopération en matière de recherche et de technologie, des aides aux régions en développement ou en crise aux autres politiques communes à développer, par exemple l'environnement et demain peut-être les infrastructures indispensables au bon fonctionnement du marché. Toutes ces interventions ne sauraient excéder 5 % du total des dépenses publiques effectuées dans la Communauté.

Que reste-t-il, après ces explications réduites à l'essentiel du procès instruit contre la centralisation excessive que provoquerait l'Union économique et monétaire ? Où est le dirigisme dans ce schéma ? En réalité, une subsidiarité appliquée d'une manière réaliste fait litière de ces critiques. S'il y a débat, et il doit y avoir débat, il est préférable qu'il porte sur ce qu'ajoutera l'Union économique et monétaire, en termes économiques et sociaux, aux bienfaits attendus du grand marché sans frontières. Et surtout, en cette période où certains responsables politiques semblent balancer entre le renforcement interne de la Communauté et sa dilution dans un ensemble plus vaste, l'Union économique et monétaire apparaît comme le seul point de passage obligé pour conforter la construction européenne et assurer son dynamisme politique.

Associer des nations

Qui dit acceptation du principe de subsidiarité dit respect du pluralisme et donc des diversités. La vérification peut en être faite, en plus des clarifications apportées sur l'Union économique et monétaire, par ce que l'on appelle la dimension sociale de la Communauté. Nous le savons : nos douze pays ont des traditions diverses en matière de relations industrielles. Les écarts entre les niveaux de vie demeurent très importants, même si nos politiques communes ont pour objet de les réduire progressivement : il n'est donc question ni de précipiter un mouvement vers le haut, ni à l'inverse de provoquer un dumping social. Enfin, les orientations des gouvernements sont différentes et, dans certains cas, opposées.

La difficulté est donc grande de faire progresser, dans ces conditions, la dimension sociale. Mais elle est tout aussi sérieuse lorsqu'il s'agit du développement régional ou de l'aménagement du territoire, ou encore de l'environnement avec la nécessité de fixer des normes communes. En fait, la dimension sociale est présente dans toutes nos délibérations et dans toutes nos actions. [...] Là comme ailleurs, la Commission se refuse à provoquer des engrenages insidieux qui conduiraient les États membres là où ils ne veulent pas aller. Je le répète. Nous sommes une communauté de droit, nous travaillons dans le respect de nos règles et en pleine transparence. C'est d'ailleurs la condition première du succès.

Il convient que chacun le reconnaisse en toute bonne foi. Si, pour trouver des solutions valables, je fais appel aux principes du fédéralisme, c'est précisément parce qu'il offre toutes les garanties souhaitables pour le respect du pluralisme comme pour l'efficacité de l'ensemble institutionnel en voie de se construire. Deux règles essentielles doivent être rappelées ici :

- La règle d'autonomie qui maintient la personnalité distincte de chaque État membre et écarte toute tentation d'unification rampante.
- La règle de participation qui refuse la subordination d'une entité à une autre, mais qui favorise au contraire la coopération et les synergies, selon des dispositions claires, précises et garanties par le traité.

À partir de là se développe une expérience originale qui récuse toute analogie avec d'autres modèles, comme la création des États-Unis d'Amérique. J'ai toujours rejeté, pour ma part, un tel parallélisme, car je sais que nous devons unir entre elles des vieilles nations, fortes de leurs traditions et de leur personnalité. Il n'y a donc pas de complot contre la nation, il n'est demandé à personne de renoncer à un patriotisme légitime. Pour ma part, je veux non seulement unir des peuples, comme le souhaitait Jean Monnet, mais aussi associer des nations. Au fur et à mesure que la Communauté se développe, alors que nos gouvernements mettent l'accent sur la nécessité de bâtir aussi l'Europe des citoyens, est-ce sacrilège de souhaiter que chaque Européen ait le sentiment d'appartenir à une Communauté qui serait, en quelque sorte, sa seconde patrie ? Si l'on refuse cela, alors la construction européenne échouera, les monstres froids reprendront le dessus parce que notre Communauté n'aura pas conquis ce supplément d'âme et cet enracinement populaire sans lesquels toute aventure humaine est vouée à l'échec.

Une radicale nouveauté interpelle l'Europe

La Communauté, du fait de son succès, est sollicitée de toutes parts. Elle ne peut rester sourde à tous ces appels sans renier sa vocation à l'universel. Mais là encore, le que faire est inséparable du comment faire. L'Histoire n'attend pas la pleine réalisation de l'Acte unique pour frapper à notre porte. [...]

Là encore, que peut isolément chaque nation européenne ? Cultiver la nostalgie de ses grandeurs passées ? Sans doute, mais ce n'est qu'une illustration supplémentaire des embarras d'une souveraineté nationale mal comprise. Alors que la Communauté européenne peut, parce qu'elle est une référence, parce qu'elle appelle une présence, répondre à l'attente des autres peuples. À une condition cependant, qu'elle s'approfondisse et qu'elle se dote des moyens de ses ambitions. [...]

Les événements s'accélèrent, de nouvelles perspectives s'ouvrent, la Communauté est interpellée en Europe même. Rappelons les demandes d'adhésion de la Turquie et de l'Autriche. D'autres vont suivre, n'en doutons pas. Les pays de l'Association européenne de libre-échange veulent profiter pleinement des avantages du grand marché. C'est pourquoi nous cherchons avec eux, à partir des propositions que j'ai faites, les bases d'un autre contrat qui fonderait l'entente économique européenne. Un contrat sans doute moins exigeant que celui défini par nos traités, mais qui nous permettrait de resserrer nos liens économiques et politiques. Que de problèmes communs à résoudre, et pour commencer celui des infrastructures de transport dont l'insuffisance est source de difficultés multiples. C'est pourquoi le moment est venu, je crois, de proposer un grand programme de réseaux ferrés et routiers permettant de circuler plus aisément, et sans risque écologique, de Copenhague à Athènes, de Hambourg à Rome, en passant par la Suisse, l'Autriche, la Yougoslavie. Voilà qui scellerait nos intérêts communs et nos solidarités.

Enfin, et surtout, l'Europe communiste explose sous nos yeux. Gorbatchev lance la *perestroïka* et la *glasnost*. La Pologne et la Hongrie entreprennent des réformes politiques tendant vers plus de liberté et de démocratie. L'Allemagne de l'Est (RDA) est secouée par le départ de dizaines de milliers de ses habitants qui vont se réfugier en République fédérale d'Allemagne. La contagion de la liberté gagne Leipzig et Berlin-Est.

Dès 1984, François Mitterrand, devant le Parlement européen, exprimait le pressentiment d'une radicale nouveauté en Europe. « Il est clair, disait-il, que le temps s'éloigne où l'Europe n'avait pour destin que d'être partagée et divisée par d'autres. Les deux mots d'indépendance européenne possèdent désormais une résonance neuve. C'est une donnée que notre siècle proche de sa fin retiendra, j'en suis sûr. »

Comme de nombreux responsables européens l'ont déjà souligné, c'est la Communauté européenne, communauté de droit, ensemble démocratique, économie dynamique, qui a servi d'exemple et de catalyseur à ces évaluations. Ce n'est pas l'Ouest qui dérive vers l'Est, mais bien l'Est qui est attiré par l'Ouest. [...]

Si nous refusons de considérer ces nouveaux défis, alors, je ne crains pas de le dire, non seulement nous faillirons à nos responsabilités, mais la Communauté éclatera ou verra son élan stoppé par le poids des contradictions internes non surmontées.

Je vois aujourd'hui, placés devant de tels événements, trop d'esprits chagrins, trop de pensées fatalistes, trop de volontés freinées par la résignation. Puis-je leur rappeler, à propos de la question allemande, cette déclaration fondamentale de Hans-Dietrich Genscher ? « Un peuple comme le peuple allemand, au cœur de l'Europe, ne doit jamais apparaître comme un obstacle à la prospérité de l'ensemble des peuples européens. Au contraire, il doit se comporter de façon que son existence soit considérée comme un bienfait pour l'ensemble, voire comme une nécessité. C'est la garantie la plus sûre de son existence. » Comment préparer les voies d'une solution, sinon en renforçant certains traits fédéralistes de la Communauté qui puissent offrir à tous la garantie de leur propre existence, pour paraphraser la formule du ministre allemand des Affaires étrangères ? Là se trouve, j'en suis convaincu, la seule réponse acceptable et satisfaisante à la question allemande.

Accélérer l'Europe

Comment assumer nos responsabilités internationales tout en facilitant l'émergence de la grande Europe, sinon par un approfondissement accéléré de la construction communautaire ? Seule une Communauté forte et sûre d'elle-même, plus homogène, plus résolue, peut véritablement tenir les deux bouts de la chaîne.

L'Histoire s'accélère. Nous aussi devons accélérer. Pour adapter nos institutions à cette nouvelle donne, nous ne pouvons tergiverser sur l'Union économique et monétaire. La question n'est pas de raccourcir, de manière irréaliste, le temps nécessaire pour tester une coopération approfondie, puis franchir les étapes successives. Où le temps nous est compté, c'est pour prendre la décision politique qui suscitera le dynamisme nécessaire à la réussite du processus et mettra en place des institutions capables d'assumer les exigences liées à nos responsabilités extérieures. [...]

J'ai toujours été un adepte de la politique des petits pas – comme en témoigne l'expérience en cours. Mais je m'en éloigne un peu aujourd'hui, parce que le temps nous est compté. Un saut qualitatif est nécessaire tant en ce qui concerne notre conception de la Communauté qu'en ce qui concerne nos modes d'action extérieure. Il est impératif de surmonter toutes les résistances que nous rencontrons, ne serait-ce que pour adapter les instruments dont nous disposons afin, par exemple, de réaliser l'enrichissement de la convention de Lomé[1] ou de réussir notre programme d'aide à la Pologne et à la Hongrie. Nous devons ouvrir davantage nos marchés aux pays qui ont un besoin vital d'exporter plutôt que d'accroître leur endettement. Nous devons disposer d'instruments financiers susceptibles de contribuer à l'adaptation et à la modernisation de leurs économies.

Ma conviction est que nous n'y arriverons pas avec nos pratiques actuelles de délibération et de décision : le Conseil, le Parlement, la Commission constituent certes un triangle institutionnel plus efficace qu'il y a quelques années, grâce à l'Acte unique, mais cela est encore insuffisant pour nous permettre de répondre aux accélérations de l'Histoire. Je souhaite, pour l'honneur de nos générations futures, que nous puissions reprendre dans les deux années qui viennent les paroles mêmes que prononçait un autre grand Européen, Paul-Henri Spaak, lors de la signature du traité de Rome : « Cette fois, les hommes d'Occident n'ont pas manqué d'audace et n'ont pas agi trop tard. »

Un nouveau choc politique s'impose donc. La Commission y est prête et assumera pleinement son rôle d'initiative. Elle proposera des réponses aux questions que soulève ce nouveau bond en avant et que je résume ainsi : qui décide et comment s'articulent les différents niveaux de décision (toujours la subsidiarité) : qui est chargé de mettre en œuvre, avec quels moyens ; qui contrôle ; quelle contrepartie démocratique ?

Vraiment, nous vivons une période enthousiasmante, mais aussi pleine de risques. La Communauté européenne est mise

1. Accords de coopération commerciale entre la CEE et les pays d'Afrique, Caraïbes et Pacifique (ACP), remplacés en 2000 par l'accord de Cotonou puis, en 2023, par l'accord de Samoa.

au défi d'apporter une contribution décisive à l'avancée de notre histoire. Devant une audience composée en grande partie d'étudiants, je me prends à rêver d'une Europe débarrassée des chaînes de Yalta, d'une Europe faisant fructifier son immense patrimoine culturel, d'une Europe imprimant la marque de la solidarité à un monde par trop dur et par trop oublieux de la partie de lui-même qui souffre de sous-développement.

Je dis à ces jeunes : vous pourrez, si nous réussissons notre Europe, aller jusqu'au bout de vous-mêmes et disposer d'espaces pour votre épanouissement, car vous êtes conviés à participer à une aventure unique, associant des peuples et des nations, pour le meilleur et non pour le pire. Vous y retrouverez vos racines philosophiques et culturelles, celles de l'Europe de toujours. Mais pour cela, vous devez vous engager personnellement et exiger de ceux qui vous gouvernent une audace calculée, une imagination fertile, un engagement clair à faire de la Communauté une nécessité pour exister et un idéal pour entreprendre.

Rôle de l'Allemagne

« Amis allemands : soyez audacieux pour l'Europe[1] »

Je vous remercie vivement de votre invitation à prendre la parole dans cette célèbre université de Humboldt. C'est ma seconde visite dans cette partie de l'Allemagne qui s'est constituée, depuis huit mois seulement, en *Länder* de la République fédérale tout en devenant membre de notre Communauté européenne.

Les citoyens de ces nouveaux *Länder* doivent savoir qu'en entrant dans la Communauté européenne ils ne sont pas seulement devenus acteurs économiques d'un grand marché commun. Ils font, avant toute chose, partie d'une communauté d'États, astreints ensemble à respecter les valeurs démocratiques, qui ne tolèrent entre eux aucune domination et où chacun jouit des mêmes droits dans l'exercice commun de la souveraineté ; une communauté d'États enfin où les plus forts se montrent solidaires des plus faibles.

1. Conférence à l'université Humboldt, Berlin, 6 juin 1991.

Dans cette communauté de valeurs, de droits et de solidarité, je vous souhaite de tout mon cœur la bienvenue.

Je suis venu ici pour mieux connaître personnellement les difficultés économiques et les problèmes sociaux auxquels le nouveau membre de la Communauté est confronté. Je veux me faire une idée personnelle de ce que représentent effectivement les défis de l'unité économique et sociale de l'Allemagne, après qu'a été réalisée l'unité politique dans un délai exceptionnellement court. Je veux aussi mieux comprendre ce que signifie la réunification entre des hommes qui sont demeurés séparés par un mur depuis trente ans et par des modèles de société radicalement différents depuis quarante ans. D'après ce qu'il m'a été donné de voir ou d'entendre, cette tâche de l'unité nécessitera une énorme dépense d'énergie. Un tel effort n'a encore jamais été demandé aux Allemands ni à aucun autre membre de la Communauté européenne. Pourtant, je suis convaincu que les Allemands y parviendront et qu'un jour ils pourront contempler avec fierté le fruit de cet effort. Un fruit qui transformera l'Allemagne en l'amenant à donner le meilleur d'elle-même, j'en suis convaincu.

L'unification, source d'enrichissement pour l'Allemagne tout entière

La République fédérale devra se montrer encore plus sociale, encore plus tolérante et plus humaine, encore plus démocratique ; elle devra s'enrichir au plan culturel pour réaliser pleinement l'unité.

Plus sociale, à cause de l'expérience qui la conduit à faire face à une situation d'urgence, d'assistance à personne en danger, à laquelle il faudra trouver des solutions en commun. Plus tolérante et plus humaine parce que les Allemands dans les temps qui viennent devront aller à la rencontre les uns des autres et développer respect et compréhension mutuels ; plus démocratique enfin, car les citoyens des nouveaux *Länder* de l'Est conservent présente à leur mémoire la conscience de ce qu'est une dictature partisane ; ils aiguiseront dans l'ensemble de l'Allemagne unie le sens des vertus démocratiques qui a trop tendance, de nos jours, à s'affadir dans la banalité. J'ajoute enfin que la culture allemande s'enrichira au travers de ce surcroît de diversité que lui apportent les traditions des cinq *Länder* de l'Est.

Ainsi l'Allemagne devra-t-elle se rapprocher de cet idéal humaniste porté par celui qui a donné son nom à votre université, Wilhelm von Humboldt.

C'est aussi le rôle politique de l'Allemagne, une Allemagne unie et économiquement renforcée, que je vois se développer positivement dans le futur.

Une Allemagne solidement ancrée dans notre Communauté européenne, attachée à un sage équilibre des intérêts, médiatrice entre les États de l'est et de l'ouest de notre continent, une grande nation engagée pour la paix et disponible à la solidarité.

Nul doute qu'au cours des années à venir l'Allemagne sera très occupée d'elle-même. Cependant, en tant que président de la Commission européenne, j'ajoute aussitôt que je suis sûr qu'en dépit de cette préoccupation, l'Allemagne trouvera la force politique de contribuer de manière décisive à l'accomplissement de l'union économique et monétaire et de l'union politique, participant ainsi effectivement, comme elle le fait depuis les années 1950, à la constitution progressive de la Fédération européenne.

Les problèmes économiques et sociaux que l'Allemagne unie devra maîtriser au cours des prochaines années ne doivent pas nous surprendre. Établir une union économique, monétaire et sociale entre l'est et l'ouest de l'Allemagne était et demeure un projet complexe et ambitieux pour lequel l'Histoire ne nous fournit pas de modèle. Du jour au lendemain on a fondu ensemble une économie sociale de marché hautement performante et une économie soumise à quarante années de centralisme excessif, d'autarcie et de retard technologique.

Les spécialistes avaient mis en garde contre les effets de cette thérapie de choc et plaidé pour un rapprochement progressif des deux économies. Mais, rappelons-nous, ces spécialistes ne donnaient pas une réponse satisfaisante à la question de savoir comment un processus gradualiste pouvait aboutir, dès lors que les citoyens d'Allemagne de l'Est, mobilisés de toute leur force par l'unité politique, avaient décidé de se rendre, sans souci d'aucune frontière, là où ils pourraient trouver du travail et de meilleures conditions de vie. Ce fait singularisait définitivement la question de l'unité allemande par rapport à la situation à l'est et au centre de l'Europe. […]

Je n'ai pour ma part aucun doute quant à la capacité des nouveaux *Länder* d'atteindre en quelques années un standard moderne d'efficacité industrielle. Je fais confiance en cela aux qualités reconnues de travail et d'efficacité des hommes, au potentiel scientifique et à l'amélioration progressive du réseau d'infrastructures. Je crois aussi, et sans doute avant tout, au parti que peut tirer l'Allemagne de l'Est de sa position centrale dans le processus actuel d'ouverture de la Communauté européenne vers l'est.

Ces difficultés n'effraient pas la Communauté européenne. N'a-t-elle pas déjà accumulé une riche expérience en matière de rattrapage économique au travers des actions de partenariat et des politiques structurelles qu'elle a menées avec des États et des régions tels que l'Italie du Sud, l'Irlande, la Grèce, le Portugal et certaines régions de l'Espagne ? Au travers des politiques structurelles, la solidarité communautaire s'y manifeste depuis longtemps. Ces aides constituent un soutien efficace, en appui de l'effort propre de développement de ces régions. Les résultats montrent que notre Communauté sait pratiquer avec efficacité la solidarité entre régions riches et régions relativement pauvres. [...]

Dès l'origine de la grande mutation politique qui vient de s'accomplir, au milieu de l'année 1989, je me suis personnellement engagé en faveur de l'Allemagne de l'Est, exprimant sans détour qu'elle avait tout naturellement sa place dans la Communauté européenne, selon les modalités qu'elle aurait choisies. À l'avenir je continuerai de me situer aux côtés des nouveaux *Länder* et à favoriser l'appui financier de la Communauté. L'aide communautaire est certes modeste en comparaison de la contribution ouest-allemande. Mais qui donc, il y a seulement douze mois, pouvait imaginer, y compris à Bruxelles, des transferts aussi massifs ? À l'origine, le gouvernement fédéral ne souhaitait pas faire appel à l'aide communautaire et comptait reposer sur ses seules forces. Cela honorait le gouvernement fédéral, mais c'est l'obligation morale et politique de la Communauté que de se montrer solidaire avec toutes les régions en difficulté, quelles qu'elles soient.

En dépit des perspectives indiscutablement positives qui se dessinent à moyen terme, on ne peut nier que l'on se trouve aujourd'hui encore confrontés à d'importantes difficultés et à des épreuves sociales. On ne doit pas laisser seuls les citoyens touchés par ces épreuves. Je vois trop bien comment le chômage, la déqualification, voire la difficulté d'acquérir une nouvelle qualification risquent de conduire au doute, à la perte de confiance ou à la résignation. Dans ces conditions, il convient absolument de ne pas laisser abandonnés à leur sort les nouveaux citoyens d'Allemagne de l'Est, mais de leur apporter conseil et assistance dans une nouvelle perspective. C'est une exigence d'humanité qui s'exerce d'abord au travers d'une aide financière. Je ne doute pas que l'Allemagne de demain saura faire face à cette responsabilité et donner à la formation des hommes la priorité. [...]

L'identité politique de la Communauté : un enjeu majeur pour l'Allemagne unie

L'approfondissement des structures de la Communauté au cours des années récentes nous a mis sur la bonne voie. Déjà, l'objectif du grand marché de 1992 que nous nous sommes fixé il y a plus de six ans maintenant a donné une nouvelle impulsion économique à la Communauté, grâce aussi aux politiques que nous menons en commun à l'échelle européenne.

Il ne s'agit pas, en effet, de créer une vaste zone de libre-échange, mais aussi d'accroître la cohésion économique et sociale au sein de la Communauté, de manifester concrètement l'attachement commun à un modèle de société. C'est pourquoi nous avons fait de grands efforts pour appuyer les régions en retard de développement ou les régions industrielles en déclin ainsi que les régions rurales menacées par la désertification. Nous voulons renforcer notre coopération scientifique et industrielle pour améliorer notre compétitivité et créer les milliers d'emplois dont la jeunesse européenne a besoin.

À compter du 1er janvier 1993, le grand marché sera devenu réalité. Au-delà de ce terme se dessine la perspective forte d'une union économique et monétaire. La première étape en est déjà engagée. Pas à pas, nous construirons une monnaie européenne unique dont la stabilité sera garantie par une banque centrale européenne. Non seulement la monnaie unique réduira le coût des transactions commerciales et financières significativement au sein de la Communauté, mais elle soudera aussi irrévocablement nos marchés de biens et de services. Elle donnera à la Communauté un poids incomparable sur les marchés financiers mondiaux et lui permettra de contribuer effectivement à la stabilité monétaire internationale et à une meilleure allocation des ressources financières en faveur des pays en voie de développement.

Ainsi, vous le voyez, la Communauté européenne progresse rapidement vers son intégration économique. Ces avancées sont telles que nous devons, pour l'après-1992, atteindre un rééquilibrage entre la puissance économique de la Communauté et son statut politique. En effet, la guerre du Golfe a démontré, si besoin en était, les limites d'influence et d'action de la Communauté européenne. Le renouveau européen doit prendre sa part des responsabilités politiques pour affronter les défis d'aujourd'hui, pour contribuer à la paix et à la sécurité dans ce monde.

Il faut être clair. La Communauté européenne a besoin, pour porter ses ambitions – si elle les a vraiment –, d'une identité politique. Et, ajoutons-le, cette ambition donne sens et grandeur à l'enracinement de l'unité allemande dans l'unification européenne. [...] La Communauté a été conçue en vue d'une Union européenne de nations désireuses d'assumer leur pleine responsabilité dans le monde.

Si les États membres veulent doter la Communauté d'une personnalité politique, il leur faut alors se doter progressivement d'une politique étrangère et de sécurité commune dans les domaines définis préalablement par le Conseil européen.

Vous le voyez, ces travaux dans lesquels nous sommes engagés sont ambitieux, audacieux diront certains. Je leur répondrai alors que cette audace, nous en avons besoin si nous voulons être à la hauteur des défis de l'Histoire. Je vous le dis tout particulièrement à vous, amis allemands : soyez audacieux pour la Communauté ; malgré les tâches qui pèsent sur vos épaules, participez pleinement à cette aventure collective exaltante qui a pour but de vous offrir un avenir plein de promesses.

À vous qui étiez déjà avec nous, dans notre cœur, mais qui venez seulement de nous rejoindre, je me devais de vous présenter nos espoirs, et le sens qui les justifie. [...] Une Allemagne unie et forte est nécessaire à notre Communauté européenne afin que celle-ci constitue un pôle de stabilité et de paix dans le continent européen et assume pleinement ses responsabilités dans les autres parties du monde.

Grande Europe

« Ne pas faire de l'Union une sorte de Gulliver enchaîné[1] »

[...] Les politiques communes, de la Communauté hier, de l'Union aujourd'hui, se sont développées considérablement ces dernières années. Bien sûr, pas autant que nos deux institutions l'auraient souhaité, mais suffisamment en tout cas pour construire et structurer une Europe qui est, d'ores et déjà, bien plus qu'un simple espace de libre-échange. Les fondations de la maison Europe sont là, bien solides. Prenons garde de ne pas les laisser entamer.

Un moteur de stabilisation politique

Il reste que si l'Objectif 1992 a suscité une dynamique nouvelle, c'est 1989 qui a constitué, pour tous les Européens en tout cas, la date historique de la décennie passée, je dirai même, sans grand risque d'être démenti, du demi-siècle écoulé.

1. Intervention devant le Parlement européen, Strasbourg, 19 janvier 1995.

Avec l'effondrement de l'Empire soviétique, le rapport de la Communauté au reste du monde a été remis en cause. La chute du mur de Berlin, en novembre 1989, a provoqué le véritable *aggiornamento* de la Communauté. Elle a modifié en profondeur les données politiques et psychologiques de la construction européenne. La Communauté, fille de la guerre froide, devait-elle prendre fin avec la disparition de cette guerre froide ? Non, avons-nous tranché. Il a été décidé d'aller de l'avant, d'agir sur l'événement, de doter la Communauté d'une véritable personnalité politique : l'Europe était devenue pôle d'attraction, elle devait aussi être le moteur d'une stabilisation politique, au niveau du continent.

Ce rôle lui a été reconnu dès le sommet de l'Arche, en juillet 1989, avec la coordination de l'aide aux pays de l'Est. La mise en place des programmes PHARE et TACIS[1], la signature des accords européens, la préparation de l'adhésion des pays d'Europe centrale et orientale ont jalonné l'histoire du « retour à l'Europe » de nos frères de l'Est. Je connais comme vous les critiques portées à cette politique : nous aurions manqué d'imagination et d'ambition politiques, nous aurions pour tout dire manqué d'audace au moment où, pour la première fois depuis un demi-siècle, les pays d'Europe centrale et orientale aspiraient à réconcilier leur géographie et leur histoire, leur culture et leur appartenance politique. Je pourrais argumenter par des chiffres et des faits qui montreraient que l'Union a répondu rapidement et généreusement, malgré le handicap de la récession économique. Mais l'important est que le cadre soit désormais clairement fixé, que la perspective soit affichée sans

---

1. PHARE : Programme d'aide communautaire aux pays d'Europe centrale et orientale. TACIS : Technical Assistance to the Commonwealth of Independant States (Assistance technique à la communauté d'États indépendants en URSS).

ambiguïté : une stratégie d'intégration se substitue à la stratégie absolument nécessaire des cinq premières années : celle de l'appui tous azimuts à la transition.

Une nouvelle Union se dessine. Une Union élargie à quinze membres, depuis qu'au terme de négociations conduites avec célérité elle a accueilli en son sein trois nouveaux États membres[1] porteurs d'une longue tradition démocratique et susceptibles d'enrichir ce modèle social que l'Union veut défendre, rénover et promouvoir. Une Union qui a pris le chemin – que je crois à la fois vital et irréversible – de la monnaie unique. Une Union qui s'est affirmée depuis longtemps comme la première puissance commerciale et a su regrouper ses forces pour mener à bien les négociations de l'Uruguay Round et mettre sur pied la nouvelle Organisation mondiale du commerce. L'Europe se veut puissante pour être généreuse, et son engagement en faveur des pays en développement a été accru ces dix dernières années : naissance depuis 1986 d'une véritable politique à l'égard de l'Amérique latine, renouvellement de la convention de Lomé en 1989, politique méditerranéenne rénovée en 1991 et avec de plus ambitieuses perspectives dès 1996, mise en place d'ECHO[2] en 1992 qui rend plus visible et cohérente l'action humanitaire de l'Union, premier contributeur au monde. Tout cela n'aurait pas été possible sans un renouvellement des concepts et des stratégies menées, et le Parlement européen y a contribué par ses analyses, ses initiatives, ses propositions.

L'influence internationale de l'Europe s'est donc accrue au rythme des progrès économiques accomplis. Ne masquons pas ces avancées, mais ne cachons pas non plus leurs limites, sur

1. Autriche, Finlande et Suède.
2. Office humanitaire de la Communauté européenne.

lesquelles je reviendrai : la liberté de circulation des personnes, signe le plus tangible du grand marché pour le citoyen, tarde à être effective et l'Europe des affaires intérieures et de la justice est encore très embryonnaire. Les avancées de Maastricht en matière de politique étrangère et de sécurité commune sont restées, dans les faits, très limitées. Et puis, il faut regarder la dure réalité : je voudrais bien sûr insister sur ce chômage qui mine l'Europe plus que nos grands partenaires ; ce chômage qui sape la confiance des peuples, sans laquelle aucun projet collectif n'est possible ; ce chômage dont nous savons qu'il ne pourra être endigué seulement par les fruits mieux partagés de la croissance retrouvée, mais aussi par une autre conception du développement économique et de l'organisation sociale.

Si je reste sur ce terrain de l'emploi, permettez-moi une allusion au Livre blanc que j'ai présenté au Conseil européen de Bruxelles, en décembre 1993. Son objectif est double : affronter la mondialisation sans frilosité, remédier à la faiblesse spécifique de l'Europe par rapport aux États-Unis et au Japon : elle crée moins d'emplois à croissance égale. Vous avez partagé notre diagnostic, soutenu l'action entreprise, souhaité à plusieurs reprises plus d'audace et de rythme dans la mise en œuvre, notamment en ce qui concerne les grands programmes d'infrastructures, les projets relatifs à la société de l'information et aux biotechnologies, les nouvelles initiatives en matière d'emploi. Je vous comprends et j'ai toujours alerté en ce sens les chefs d'État et de gouvernement et leurs ministres des Finances. Conserver des économies saines, aller vers davantage de compétitivité, vers davantage d'emplois, anticiper les bouleversements de l'organisation du travail, de l'organisation des sociétés ne peut plus être l'affaire d'un seul pays, tant les ressources à mobiliser sont considérables. Tout n'est pas aussi rapide que nous le souhaiterions, mais le cap est désormais bien fixé [...]. Il reste à mettre en œuvre les décisions européennes, pleinement et rapidement.

Le Livre blanc est donc bien vivant. Il est le cadre pour la réflexion, le dialogue social et l'action, tant au niveau national qu'au niveau européen. Sa présentation a réveillé les énergies à un moment où la crédibilité de la construction européenne diminuait sous les coups conjugués de la récession économique, des attaques de 1992 et 1993 contre le Système monétaire européen, de la tragédie yougoslave, mais aussi des désaccords clairement apparus entre les États membres lors de la préparation du traité de Maastricht.

C'est dire que l'avenir s'annonce incertain, malgré les progrès réalisés. Le préalable, c'est bien entendu de mettre en œuvre ce qui a déjà été décidé dans le traité sur l'Union européenne, mais tout en réfléchissant, dès maintenant, au cadre de la grande Europe et à sa compatibilité avec la poursuite de notre idéal, qui n'a pas changé : l'Union politique des pays européens qui le veulent pleinement. Et là commence le débat. Il vous faudra – il nous faudra – beaucoup d'imagination, de capacité technique, de force de conviction, de courage, de fidélité à nous-mêmes pour répondre aux défis de l'avenir.

On a prédit maintes fois la fin ou le déclin de l'aventure européenne. Or celle-ci a résisté, surmonté les crises, trouvé le ressort nécessaire pour sortir de périodes de stagnation. Aujourd'hui, le discours est différent. On veut opposer les partisans de l'Europe traditionnelle aux prophètes de la radicale nouveauté. Il est vrai que certains d'entre nous considèrent que l'héritage des pères de l'Europe conserve toute sa force et toute son actualité. Alors que d'autres, après un éloge funèbre de cet héritage, veulent nous entraîner sur des voies soi-disant nouvelles, au nom des transformations que le monde a subies depuis, notamment, ces vingt dernières années.

Qu'en est-il exactement ?

La demande impérieuse de paix et de sécurité

La demande de paix et de sécurité est toujours là, impérieuse, comme en 1945-1950, au lendemain du terrible conflit mondial. Certes, elle se présente sous des formes différentes dans la période post-guerre froide.

On assiste à la tentation de remettre en cause les positions acquises et les frontières, à la montée des intégrismes, à la résurgence des nationalismes... Comment ne pas souligner ici le message que nous a transmis, hier, le président de la République française ? Les nationalismes, c'est la guerre. Au total, nous devons affronter les risques qui pèsent sur le monde et qui affectent, de manière directe ou indirecte, nos propres acquis en matière de paix et de compréhension mutuelle.

L'Union européenne ne peut se dérober face à ces réalités d'ailleurs difficiles à cerner. Sur son flanc est, sur son flanc sud, en Afrique, au Moyen-Orient, on attend d'elle des positions franches et nettes, une prise de responsabilités sans équivoque et des actions cohérentes avec les idéaux qu'elle affirme.

La demande d'Europe, pour reprendre une expression simple, est là. Comment y répondre, sans une claire vision de ce que nous voulons pour nous-mêmes ? Une simple zone de libre-échange ou bien un espace organisé ? Comment être à la hauteur des défis si, par exemple, les États membres se révèlent, comme c'est le cas actuellement, trop souvent incapables de mettre en place un dispositif efficace pour décider et mener des actions communes de politique étrangère ? Que leur manque-t-il ? La volonté politique, certes, c'est trop commode de tout en attendre. Mais aussi l'absence d'un processus de délibération et de décision aussi opérationnel que celui qui existe dans la Communauté, surtout depuis la mise en œuvre de l'Acte unique.

En d'autres termes, le respect de la diversité qui est notre richesse et l'augmentation du nombre des pays membres ne doivent pas conduire à faire de l'Union une sorte de Gulliver enchaîné, faute d'institutions valables et efficaces, faute aussi d'illustrer et de développer nos identités culturelles. La fuite en avant ne constitue en aucun cas la voie qui permettrait à l'Europe, à toute l'Europe de s'organiser en un espace de paix, d'échange et de coopération. Elle n'aboutirait qu'à la dilution de l'acquis communautaire et au déclin de l'Europe comme acteur de l'Histoire.

Monnaie unique et défense commune

Et pourtant, l'Histoire n'a pas cessé de nous dispenser leçons et avertissements. Malheur à ceux qui ne savent pas se faire respecter. Malheur aux peuples qui s'abandonnent aux délices de la société de consommation, à la nostalgie d'un passé pourtant révolu ou à un mondialisme sans conscience !

Face à cet avenir plein de périls, seule l'union politique des nations européennes peut leur permettre non seulement de défendre leurs intérêts légitimes, mais aussi de rayonner dans le monde, au service des idéaux qui ont marqué le meilleur de l'histoire de l'Europe. Notre crédibilité ne dépend pas uniquement de nos grandes déclarations de principes. Elle est et sera fonction de notre capacité à traduire les objectifs affichés en actes concrets pour la paix, pour la solidarité entre les peuples, pour le respect des droits de l'homme.

Nous n'y parviendrons que par un pacte sans équivoque entre ceux des pays européens qui sont prêts à s'engager et à en tirer toutes les conséquences sur les plans politique, économique et institutionnel.

Ce pacte, il appartiendra à la prochaine conférence intergouvernementale de le définir avec clarté. Clarté dans les objectifs politiques ambitieux mais réalistes que peut s'assigner l'Union européenne. Clarté dans les engagements économiques et sociaux des nations décidées à renforcer la cohésion de l'ensemble européen. Clarté dans un schéma institutionnel capable de conduire, en temps utile, aux décisions et aux actions nécessaires.

Pour aller à l'essentiel, je dirai volontiers que la monnaie unique et la défense commune devraient traduire cette volonté de l'Europe d'exister et d'agir. La monnaie unique, pour ses vertus propres, mais aussi parce qu'elle ne pourra exister sans la contrepartie d'un gouvernement économique de l'Europe, traduisant les finalités du développement économique et social telles que nos peuples et leurs représentants les voudront. La défense commune, parce qu'elle forcera l'Europe à préciser sa stratégie et ses priorités en matière de politique extérieure, ainsi que la manière dont elle entend contribuer au renforcement des institutions internationales. À l'occasion du cinquantième anniversaire des Nations unies, il faudra que l'Union européenne présente ses conceptions visant à aller vers un ordre économique mondial plus pacifique, plus juste, plus respectueux des droits de l'homme et de la planète Terre.

Mélancolie démocratique

J'ai mentionné la volonté des peuples et de leurs représentants pour une raison simple. Il ne peut y avoir d'aventure collective réussie sans promotion de la citoyenneté, c'est-à-dire sans renouveau de la vitalité démocratique. Le temps est révolu où la construction européenne pouvait avancer en parallèle des vies politiques nationales. L'Europe est désormais entrée dans la vie de chaque citoyen européen. En d'autres termes, c'est une démarche avant tout politique dont nous avons besoin.

Certes, l'Union européenne est loin des citoyens ; certes, nous pouvons faire mieux en termes de transparence et de subsidiarité. Mais de là à faire de la construction européenne le bouc émissaire de notre mélancolie démocratique, il y a une marge qui ne doit pas être franchie. Le mal est en nous, dans nos sociétés, dans les travers de nos vies politiques nationales : la distance qui s'accroît entre gouvernants et gouvernés, la consommation frénétique des faits et l'oubli qui intervient vite, l'épidémie galopante des sondages… voilà les maux pernicieux qui handicapent, il faut bien le dire, nos vieux pays.

De même que le Livre blanc se voulait un appel au sursaut en faveur de la puissance économique et contre le déclin, de même le réveil politique de l'Europe se voudra une incitation à l'approfondissement démocratique contre l'abandon et l'atonie.

Et c'est alors qu'une fois de plus, et au-delà des passions et des incompréhensions, il me faut rappeler les mérites de l'approche fédérale en matière institutionnelle. Seule, elle permet de préciser qui fait quoi et qui est responsable devant qui. Seule, elle peut décrire clairement les transferts de souveraineté et leurs limites. Seule, elle autorise des procédures de contrôle démocratique et de sanction des abus de pouvoir. Seule, elle garantit le respect des personnalités nationales et des diversités régionales.

C'est pourquoi j'ai proposé cette formule – contradictoire en apparence – de fédération des États nationaux, afin de concilier la mise en œuvre d'ambitions communes avec l'épanouissement de nos nations forgées dans l'Histoire, le sang et le contrat qui unissent chacun de nos peuples et qui confortent le sentiment d'appartenance de nos citoyens.

Aucun pays européen n'est *a priori* exclu de cette aventure collective. La Maison est ouverte à tous. Mais encore faut-il que ne soit pas ralentie la marche de ceux qui veulent partager leur destin, pour être à la fois plus forts et plus fraternels.

C'est dans cet esprit que j'entends, comme chacun d'entre vous, contribuer à cette formidable et unique aventure collective qu'est la construction d'une Europe politiquement unie. Fidèle en cela à ceux qui nous ont permis d'être là ensemble et de continuer à espérer. Mais conscient aussi des adaptations que nous devons consentir pour perpétuer la vocation historique et humaniste de l'Europe. Pour cela, il nous faut délimiter et organiser notre espace politique, bâtir sur le terrain solide de la solidarité entre nos nations et nos peuples, rechercher la puissance, non pas pour elle-même, mais pour nous donner les moyens de servir nos idéaux communs.

Allons, courage, le printemps de l'Europe est toujours devant nous !

La Fédération des États-nations

« Associer les notions de subsidiarité et de fédération[1] »

Être exigeant pour l'Europe ne doit pas être interprété comme une vue pessimiste de ce qui a été fait et de ce qui reste à faire. Car le bilan est largement positif, les réalisations supérieures à ce que l'on pouvait espérer il y a vingt ans. Mais il est normal, compte tenu du degré d'intégration déjà réalisé, notamment en matière économique et monétaire, que l'Europe soit plus présente dans les préoccupations des citoyens comme dans le débat politique. Pour faire avancer la discussion, il me paraît nécessaire de clarifier autant que possible les concepts et les problèmes.

1. « Ma vision d'une Fédération des États-nations », tribune dans *Le Monde des débats*, juillet-août 2000.

Élargissement et approfondissement

Deux grands projets animent l'Europe. Il s'agit du dilemme classique, mais porté à son plus haut niveau de difficulté, entre l'élargissement et l'approfondissement. Or, pourquoi ne pas l'avouer, nous peinons à les concilier.

Réunifier l'Europe, c'est pourtant notre devoir essentiel. Notre continent a été coupé en deux par un funeste décret de l'Histoire. Depuis 1989 et la chute du communisme, l'Union européenne n'a eu de cesse de trouver les bonnes formules pour aider les pays ex-communistes à trouver les voies de la démocratie pluraliste et de l'adaptation de leurs économies à la nouvelle donne mondiale et technologique. L'Union ne mérite donc pas en la matière les reproches dont certains l'accablent. Si frustration il y a, chez certains de ces pays, il faut en chercher les causes du côté de leur impatience et des promesses démagogiques de certains dirigeants des pays membres de l'Union.

Approfondir la construction européenne constitue une exigence de même force, non pas pour aller plus loin que les traités en vigueur, mais tout simplement pour les appliquer. Pour ne citer que trois exemples parmi les plus préoccupants : peut-on réussir la monnaie unique sans réaliser parallèlement l'Union économique ? En second lieu, comment donner plus de pertinence et de consistance à des actions communes en matière de politique étrangère et de préservation de la paix ? Enfin, il ne suffit pas de proclamer le souci de préserver la sécurité des citoyens, encore faudrait-il s'organiser pour lutter en commun contre la criminalité internationale !

Prétendre, comme je le fais, que nous ne nous donnons pas les moyens d'avancer d'une manière cohérente vers ces deux priorités – l'élargissement et l'approfondissement –, ce n'est pas succomber à la tentation de retarder la première, c'est tout simplement exprimer le souci de faire avancer les deux simultanément.

La principale tromperie est de laisser entendre que les élargissements futurs auront comme les précédents un caractère unifiant, c'est-à-dire qu'ils permettront de développer tout l'acquis de la construction européenne au niveau de la « grande Europe ». Hubert Védrine le reconnaît quand il pronostique que « les liens à trente existeront – le marché unique – mais ils seront moins étroits, les situations plus hétérogènes ».

L'ennui c'est que les pays candidats ne l'entendent pas de cette oreille car en fait on n'a jamais mis toutes les cartes sur la table. En effet, depuis l'Acte unique[1], notre contrat de mariage est fondé sur le triptyque que j'ai proposé : la compétition qui stimule, la coopération qui renforce, la solidarité qui unit. Il s'est incarné dans le marché unique, dans l'euro, la recherche scientifique, l'environnement, les politiques structurelles (dont le montant a été multiplié par six en dix ans), les normes communes adoptées en matière sociale...

Pour éviter des lendemains qui déchantent, pour rendre plus aisées les négociations d'élargissement, ne serait-il pas plus sage de définir avec les pays candidats les contours économiques et financiers de la future « grande Europe » ? Mais, si ces pays ont un besoin vital de moderniser leurs économies, ils souhaitent avant tout réintégrer la famille européenne. Des gestes immédiats et forts sont possibles. Pourquoi ne pas structurer

1. Traité européen mis en œuvre en 1987.

la Conférence européenne qui réunit, lors de chaque Conseil européen, les quinze membres et les treize candidats ? Ainsi serait-il possible de réaliser une concertation permanente, au niveau des ministres et de leurs hauts fonctionnaires, sur les questions de sécurité interne et externe, qui sont leur autre souci prioritaire. [...]

La méthode dite communautaire s'oppose traditionnellement à la méthode intergouvernementale, laquelle se limite à un concert des nations requérant l'unanimité. Or cette dernière revient en force dans les pensées et pratiques de nombreux gouvernements, au point d'affaiblir la première. Il serait trop long d'examiner les motifs d'une telle évolution. Mais il est urgent de rappeler les mérites de la méthode communautaire, qui a permis les progrès considérables réalisés par l'intégration européenne.

C'est essentiellement le bon fonctionnement du triangle institutionnel pensé par les pères de l'Europe : un Parlement européen qui a le pouvoir de codécision législative et de contrôle de la Commission ainsi que la mission de faire connaître les réalisations européennes ; un Conseil des ministres qui décide seul ou codécide avec le Parlement ; une Commission chargée de la préparation des décisions, du contrôle des règles du jeu et qui a le monopole du droit d'initiative. Et, bien entendu, à côté du triangle, une cour institutionnelle qui veille au respect de la légalité.

L'expérience de ces quarante dernières années le confirme : chaque fois que l'on s'est écarté de la méthode communautaire, ce fut la stagnation, voire la crise. Il est donc temps que les États membres laissent la Commission user de ses prérogatives et réforment le Conseil des affaires générales pour en refaire, en partenariat étroit avec la Commission, le lieu de la concertation politique, de la synthèse et de la préparation des Conseils européens. Épargnons à ces derniers des ordres du jour démentiels et des résolutions non suivies d'effets, et ce aux dépens de l'efficacité et de la compréhension par les citoyens.

Subsidiarité et fédération

Trop de proclamations portant sur tous les sujets, trop de déclarations d'autosatisfaction pour ne peiner personne ; tels sont les risques de l'évolution actuelle. L'Union européenne donne l'impression de s'occuper de tout, s'attirant des critiques justifiées. C'est là qu'interviennent les notions de subsidiarité et de fédération. J'ai voulu les associer dans le concept de Fédération des États-nations, qui signifie que le traité définit qui fait quoi, et qu'on réserve à la nation (et, dans les pays fédéraux, aussi aux régions) des compétences exclusives.

Je pense notamment à l'ensemble des questions qui sont liées à la cohésion d'une nation et d'une société : l'emploi, le social, la santé, l'éducation et la culture. Dans ces domaines, une saine coopération entre les pays est préférable à une vaine unification des politiques. De même est-il préférable de parler d'actions communes plutôt que d'une politique étrangère unique, ce qui n'est ni souhaitable ni réaliste.

La Fédération des États-nations est une matrice qui peut s'appliquer à toutes les formes d'organisation européenne. Elle serait également la référence pour la constitution d'une avant-garde.

À cet égard, je récuse l'opposition connotée entre les pragmatiques et les fédéralistes, laissant entendre que ces derniers sont des théoriciens irréalistes. Dans mes responsabilités européennes, je crois pour ma part avoir montré que l'on peut concilier vision, schéma de référence et avancée progressive.

Coopérations renforcées et avant-garde

C'est en vertu de cette même ligne d'action que je souhaite que l'on expérimente les coopérations renforcées. Le bilan pourra en être dressé avant que l'Union européenne ne compte plus de vingt membres.

Mais il n'est pas trop tôt pour attirer l'attention sur les risques de telles pratiques : une complexité croissante du processus de décision, un manque de cohérence entre les actions menées, une dilution du triangle institutionnel, l'émergence d'un bizarre self-service où chacun prendrait ce qui lui convient.

L'avant-garde prétend éviter de tels risques. Qu'on l'appelle « centre de gravité » de la construction européenne (comme Joschka Fischer[1]) ou « cœur fort » (comme Giuliano Amato[2]), elle est le moteur de l'intégration, compatible avec le grand élargissement, fidèle à la méthode progressive, un pas en appelant un autre, mais toujours en pleine clarté.

Mais, pour réussir, et démentir les contempteurs de « l'Europe abstraite », cette avant-garde ouverte doit être doublement exigeante sur le plan des objectifs, en affirmant la volonté de mener ensemble certaines politiques et de bénéficier ainsi de l'effet de dimension. Mais aussi, sur le plan de

1. Ministre allemand des Affaires étrangères et vice-chancelier de 1998 à 2005, figure des Verts.
2. Socialiste italien, ancien président du Conseil, vice-président de la Convention sur l'avenir de l'Europe (2002-2003).

la méthode, en étant parfaitement fidèle à l'esprit communautaire.

C'est la raison pour laquelle elle devrait être dotée de ses propres institutions, en veillant à une association plus étroite des Parlements nationaux et à une délimitation très claire des compétences selon le principe de subsidiarité et selon le schéma d'une Fédération des États-nations.

Il sera temps de relancer ce débat, d'apporter des propositions précises et détaillées et de répondre à certaines objections. L'essentiel est, pour le moment, de maintenir le cap vers une Europe puissante et généreuse à la fois.

Relations transatlantiques

« Que l'UE puisse mener une action militaire à laquelle les États-Unis n'entendraient pas participer[1] »

Pour s'exprimer sur les relations transatlantiques, il est sage d'éviter deux tentations. La première est de se réjouir des multiples déclarations solennelles qui jalonnent ces trente dernières années, car, pour bienvenues qu'elles soient, elles expriment plus le rappel de l'amitié américano-européenne et de bonnes intentions que des engagements précis et susceptibles d'être tenus. La seconde est de se focaliser sur les contentieux commerciaux qui nourrissent sans fin nos disputes et créent un mauvais climat à Washington comme à Bruxelles.

En tant qu'Européen, je mesure l'ampleur des responsabilités qui incombent à la superpuissance mondiale que sont les États-Unis. Je comprends l'extraordinaire difficulté de certains choix que ce pays doit faire, face aux événements ou à des risques manifestes pour les citoyens de ce pays ou pour la sécurité dans

1. Cycle de conférences dans les universités américaines, 26 mars-4 avril 2001.

le monde. La grande nation américaine a ses priorités définies en fonction de multiples variables. Et il n'est pas dans mon esprit de réduire cette problématique à la seule relation entre les États-Unis et l'Union européenne. Celle-ci doit demeurer modeste dans son approche des problèmes mondiaux.

Responsabilité européenne dans la gestion des problèmes mondiaux

Mais cette modestie ne doit pas aller jusqu'à oublier la part de responsabilité qui incombe aux Européens dans la gestion des problèmes mondiaux. Elle ne doit pas non plus occulter les atouts économiques, commerciaux, financiers dont dispose l'Union. Celle-ci, doit-on le rappeler, est la première donneuse d'aide publique au développement et d'aide humanitaire. Elle consacre aussi d'importantes ressources pour concourir à l'adaptation des économies des pays de l'Europe de l'Est et du Centre.

L'Union européenne ne se présente donc pas comme exemplaire ou soucieuse de donner des leçons au monde entier. Mais elle faillirait à sa mission si elle renonçait à l'ambition raisonnable de partager le fardeau qui pèse sur les puissances moyennes, face aux mutations et aux menaces du monde en devenir.

Parmi les défis qui nous sont lancés, j'en retiendrai quatre : organiser la globalisation ; supporter l'effort des pays en développement ; mettre fin à la dégradation de l'environnement ; combattre la dispersion des armes de destruction massive.

Je connais les réticences américaines lorsqu'est évoquée la maîtrise de la globalisation. On y oppose l'impératif de libre-échange des biens et des capitaux, la liberté d'action pour les entreprises comme moyen privilégié d'assurer la sécurité économique et un développement durable. Convient-il de rappeler qu'au lendemain de la dernière guerre mondiale, les États-Unis avaient pris l'initiative de deux conférences, à Bretton Woods et à La Havane, pour jeter les bases d'une régulation des monnaies, des flux financiers et du commerce susceptible d'assurer plus de stabilité et plus de sécurité économique. Joignant l'action à la parole, les États-Unis apportèrent un soutien important, grâce au plan Marshall, aux pays européens dévastés par la guerre.

Conseil de sécurité économique

Aujourd'hui, l'urgence d'une réflexion de même type est indiscutable. J'en veux pour preuve que la gravité des crises financières qui ont frappé plusieurs parties du globe, l'accroissement de la pauvreté pour 20 % des habitants de la planète, les menaces sur la sécurité des approvisionnements énergétiques. Sachant que les solutions ne peuvent être trouvées, dans l'immédiat, à tous ces problèmes, j'ai proposé la création d'un Conseil de sécurité économique qui n'aurait aucun pouvoir décisionnel, mais qui étudierait les problèmes posés et proposerait des expérimentations pouvant aider à leur solution. Il regrouperait les membres du G8, la Chine, l'Inde et les grandes organisations régionales représentant tous les continents. Ce serait un appel à la responsabilité de tous, la fin de la coupure entre les grandes nations industrialisées et la masse des autres pays qui, trop souvent, se cantonnent dans la contestation. Ce Conseil travaillerait en étroite liaison avec les grandes institutions internationales : le FMI, la Banque mondiale, l'OMC, l'OIT…

Je le répète : il n'y a pas de solution unique et miraculeuse. Mais la globalisation doit se traduire, en parallèle d'une interdépendance croissante des économies, par une prise de conscience que tous les pays doivent apporter leur propre pierre à l'élaboration de la nouvelle architecture économique, financière et monétaire. L'ONU est d'ailleurs active, de son côté, en ayant lancé une réflexion sur le financement du développement qui débouchera en 2002 sur une réunion de tous les pays membres de l'organisation.

Quant à la défense de l'environnement, bien des désaccords demeurent entre les principaux pays qui pourraient ouvrir ce chantier vital pour la protection de la nature et la santé des humains. […] Ce n'est pas par simple bonne conscience que je jette un cri d'alarme : la situation est d'ores et déjà dramatique et recèle des risques d'attaques contre l'humanité.

Il reste cette redoutable menace que fait peser la dissémination des armes de destruction massive et, car les choses sont souvent liées, la permanence d'un terrorisme aux moyens de plus en plus sophistiqués […].

Un espace géopolitique porteur de paix, de prospérité et de règles de vie en commun

En se préparant au plus grand élargissement jamais réalisé, les responsables de l'Union européenne entendent avant tout réunifier l'Europe, divisée jusqu'en 1989 par la guerre froide.

Nous retrouverons ainsi un espace géographique et historique marqué à la fois par son unité et sa diversité. La tâche est énorme, tout d'abord sur le plan économique, ces pays sortant du totalitarisme avec une économie désarticulée et des institutions publiques inadaptées aux tâches d'un État démocratique et moderne. Ce qui explique la nécessité d'une longue période de préparation, puis, une fois l'adhésion réalisée, de transitions dans les domaines les plus difficiles comme la circulation des personnes, l'adoption des règles européennes en matière sociale ou environnementale. Mais le succès se dessine au bout du chemin.

Ce processus d'élargissement s'inscrit, comme toute l'aventure de la construction européenne, sous l'égide de la paix et de la stabilité. C'est pourquoi il est une partie de la solution du problème de l'ex-Yougoslavie. Tous les pays de la région sont conviés, avec l'apport de l'Union européenne, à multiplier les échanges, à créer de nouvelles relations fondées sur la reconnaissance mutuelle des peuples et sur la coopération.

Ainsi se dessine le visage d'une grande Europe composée de plus de trente nations et destinée à devenir un espace géopolitique porteur de paix, de prospérité et de règles de vie en commun. Ne sous-estimons jamais la portée et l'exemplarité d'une telle ambition.

On me permettra d'ajouter, à titre de transition avec les autres missions de l'Europe, que la question des frontières du nouvel ensemble ne me paraît pas constituer une sorte de préalable absolu. Car cette grande Europe ne pourra remplir sa mission que si elle tisse des liens privilégiés et durables avec les pays qui sont aux frontières de cet ensemble, à son est comme à son sud.

C'est une tâche d'une difficulté redoutable que d'établir des relations de coopération, dans tous les domaines, d'une part avec la Russie et les pays de la CEI[1], avec une mention spéciale pour l'Ukraine, et d'autre part avec les pays de la Méditerranée et d'Afrique. Mais de la réussite de ce double partenariat dépendent quelque peu la paix dans le monde et les possibilités de développement économique et social de toutes les nations.

C'est pourquoi, notamment, l'Union européenne entend poursuivre son action en faveur du développement, en continuant bien entendu les programmes en faveur des pays d'Afrique, des Caraïbes et du Pacifique, dans le cadre de la convention de Lomé, et aussi en faveur des autres « pays moins avancés ».

Une réflexion commune s'impose à tous les pays développés pour ouvrir les marchés, réduire le poids de la dette, accroître et mieux utiliser l'aide publique, favoriser l'investissement privé. La réussite dépend aussi de la capacité de ces pays à se doter d'institutions efficaces et démocratiques, à gérer rigoureusement les finances publiques et privées, à préparer l'avenir par la diffusion des biens publics (comme l'éducation et la santé), à lutter efficacement contre la pauvreté.

Alliance atlantique et force européenne

En ce qui concerne les contentieux commerciaux, je dirai volontiers qu'ils « nous apprennent à vivre avec nos rhumatismes ». En d'autres termes, il ne nous faut ni dramatiser nos disputes, ni les traiter légèrement.

1. Communauté des États indépendants fondée en 1991 par la Russie et des anciennes républiques soviétiques.

Le plus grand risque est celui d'une attitude unilatérale qui manifeste la force et crée un fait accompli qui rend plus difficile la recherche d'un compromis. À cet égard, il faut se féliciter de la mise en œuvre des procédures au sein de l'OMC : le recours à des panels et, si nécessaire, à la cour d'appel. Tel est l'esprit du multilatéralisme qu'il faudra bâtir pierre après pierre [...].

Autre thème qui préoccupe des deux côtés de l'Atlantique : celui de la défense [...]. Mais qu'il me soit permis d'aborder l'autre sujet qui énerve présentement nos relations : la création par l'Union européenne d'une force d'intervention militaire rapide susceptible de remplir les missions prévues par les traités européens : prévention d'un conflit, restauration de la paix, protection de l'action humanitaire...

Il a été répondu en temps utile aux interrogations inquiètes des États-Unis que ses représentants résumaient sous ces trois sigles : découplage avec l'Alliance atlantique, double emploi, discrimination.

Pas de découplage avec l'Alliance atlantique. Il est facile de répondre qu'en accroissant les moyens qu'ils consacrent à la défense, les Européens contribuent à renforcer l'Alliance.

Pas de double emploi. La question est plus complexe, mais dès lors que les Européens veulent combler leur retard pour certains éléments du dispositif, ils répondent aussi à une sollicitation constante de leur partenaire américain. En effet, certains de ces moyens sont indispensables pour conduire avec succès une intervention : renseignement, communication, transports, couverture aérienne.

Pas de discrimination : c'est surtout la revendication des pays européens non membres de l'Union. Sur ce point, il ne doit pas y avoir d'ambiguïté. La décision d'intervenir incombe à l'Union européenne. Si les pays en question veulent s'y associer, c'est leur droit et c'est une possibilité qui leur est ouverte.

En d'autres termes, il ne s'agit pas de construire une autre organisation militaire à côté de l'OTAN. Il s'agit tout simplement, après concertation au sein de l'Alliance, que l'Union européenne puisse mener une action à laquelle ses alliés, et en premier lieu les États-Unis, n'entendraient pas participer, tout en étant d'accord sur son principe.

Sur ces bases, un consensus s'est dégagé entre les États-Unis et l'Union européenne. Il est fragile – certes –, il sera à l'épreuve de la première crise à laquelle il conviendrait de répondre par une intervention soit de l'OTAN, soit de la force européenne d'intervention rapide. Je demeure tellement persuadé de la solidité de l'Alliance que je ne crois pas, à ce sujet, à une détérioration du climat des relations atlantiques.

Les Européens ont fait preuve jusqu'à présent de pragmatisme et aussi de fidélité à l'Alliance. Mais quand je me souviens des réflexions critiques des responsables américains, en 1991, sur « l'impuissance des Européens face au drame yougoslave », je ne peux que me réjouir de cette initiative et des promesses d'une Union européenne plus soudée et plus responsable. Nous prouverons le mouvement en marchant.

Conclusion

La social-démocratie

« Je suis un contestataire qui veut construire[1] »

Dominique Wolton. – Sur le plan social, vous êtes assez révolutionnaire, en tout cas très en avance. En revanche, vous êtes assez modéré sur le plan politique.

Jacques Delors. – Je suis assez révolutionnaire sur le plan social, notamment au nom de l'exigence à laquelle me poussent mes valeurs. Je suis assez modéré sur le plan politique en raison de mon appréciation de la résistance des faits et de la nature humaine. On ne peut comprendre mon action et mon choix que par cette idée que je suis un contestataire qui veut construire et gérer. La contestation me rend toujours insatisfait par rapport à ce que je souhaiterais, elle m'amène parfois à bousculer plus que de raison l'ordre des choses. Et mon pragmatisme me conduit parfois à sous-estimer mes marges de manœuvre et à manquer d'audace.

1. *L'Unité d'un homme. Entretiens avec Dominique Wolton*, Odile Jacob, 1994 (p. 359 à 362).

Il est difficile de concilier en soi la contestation et la gestion réformatrice.

D. W. – Vous êtes social-démocrate ou démocrate-chrétien ?

J. D. – Si j'étais en Suède, je serais social-démocrate. Je tiens beaucoup à ce titre, car il m'a permis, depuis les années 1950, de faire connaître ma différence par rapport au socialisme révolutionnaire, sous toutes ses formes. On répond qu'il est absurde de se prétendre social-démocrate alors que les conditions de la social-démocratie n'étaient pas réunies en France, à savoir un double compromis, entre l'État et le marché d'une part, entre le patronat et les syndicats d'autre part. D'accord, les conditions d'une expérience sociale-démocrate comme en Suède ou en Allemagne n'étaient pas réunies, mais il n'empêche qu'être social-démocrate signifie beaucoup par rapport à tous ceux qui prédisaient la fin du capitalisme ! Ceux qui voulaient nationaliser une grande partie du secteur productif, ceux qui préféraient le progrès social par la loi plutôt que par la négociation collective et par la promotion sociale des travailleurs.

D. W. – Les limites et les difficultés historiques du modèle social-démocrate peuvent-elles redonner une nouvelle jeunesse à une pensée démocrate-chrétienne ? Ou bien, tout en étant chrétien, restez-vous plus attiré par la social-démocratie que par une forme de christianisme social ?

J. D. – Entendons-nous bien, je me considère comme un chrétien qui ne porte pas son catholicisme en bandoulière, qui s'est affiché social-démocrate pour les raisons que je viens de rappeler, et pour se positionner à l'intérieur d'un combat d'idées, au sein de la gauche. Mais ce que j'ai dit de la crise morale de la démocratie incite à penser qu'un courant démocrate-chrétien peut retrouver demain, notamment en France, une large audience. Car il est vrai que, débarrassées de toute menace du type de l'impérialisme soviétique et incapables de mesurer les nouveaux défis qui les assaillent, les démocraties occidentales, en général, s'affadissent, s'embourgeoisent, deviennent molles. Une pensée régénératrice doit naître et inclure, mais non pas afficher, une dimension morale. Les démocrates-chrétiens pourraient jouer un rôle important à cet égard. Si l'on est d'accord avec mon analyse de la crise morale de la démocratie, qui rejoint celle de Tocqueville en y ajoutant une dimension spirituelle, et si j'étais dirigeant d'un parti chrétien-démocrate, « je prendrais le taureau par les cornes ». Je retournerais aux sources.

D. W. – Pressentez-vous ce mouvement en Europe ?

J. D. – Il y a des impulsions. Notamment en Allemagne, où la société s'enfonçait dans l'opulence matérialiste, avec le niveau de vie le plus élevé d'Europe. Certains ont senti le danger. Mais, d'un autre côté, les forces démocrates-chrétiennes dans ces pays sont trop souvent liées aux forces du capital, et sans pensée innovatrice sur le plan économique et social.

J'ai bien montré que je n'étais pas un propagateur simpliste de la lutte des classes, mais enfin, le pouvoir économique, cela existe et cela pèse sur la vie publique ! Dans une démocratie digne de ce nom, le pouvoir politique doit avoir une certaine indépendance vis-à-vis du pouvoir économique. Le politique est au-dessus de tout. Encore faut-il qu'il ait la capacité de s'élever à ce niveau, de faire les synthèses nécessaires et d'avoir le courage de les présenter au peuple. C'est cela aujourd'hui la misère de la politique : on essaie davantage de l'ausculter plutôt que de lui parler un langage de vérité, un peu plus musclé.

D. W. – Pour l'avenir, pensez-vous possible de reconstruire le lien entre l'individu et la communauté, qui sont un peu les deux figures de la modernité et de la tradition, l'individu étant rattaché à la modernité et la communauté à la tradition ?

J. D. – Je vois deux directions essentielles. La première est l'aménagement du cadre de vie dans les villes et dans les campagnes, de telle sorte que les habitants puissent se voir offrir des occasions multiples de se rencontrer. Non seulement pour se délasser et se divertir, mais aussi pour découvrir des intérêts communs et, pourquoi pas, pour agir ensemble.

La deuxième direction, et sur ce point je suis plus que traditionaliste, consiste à renforcer, dans le domaine de l'économique et du social, les organisations médiatrices que sont les syndicats et les organisations patronales. Je suis vraiment inquiet de voir le vide se créer entre un pouvoir politique national, lui-même écartelé entre l'internationalisation du monde, les pouvoirs européens et la décentralisation, et l'opinion publique, les citoyens. Il n'y a pas de relais. Ces relais ne peuvent être que des députés revenant à leur tâche essentielle : refléter les aspirations des citoyens et expliquer à ces mêmes citoyens les positions prises, les décisions nécessaires dans l'intérêt commun. Il faut, d'autre part, des organisations professionnelles et syndicales capables elles aussi, après avoir écouté les positions de chacun, de retrouver le sens du collectif, du bien commun. Je crains beaucoup le seul dialogue entre le pouvoir politique et l'opinion en tant que telle. Je ne demande pas que l'on occulte l'opinion publique, considérée à juste titre dans les démocraties anglo-saxonnes comme un des paramètres essentiels de la vie démocratique. Mais je crois que ce choc frontal n'est pas bon et qu'il donne à la vie politique un aspect capricieux, aléatoire, discontinu. On éprouve, dans ces conditions, beaucoup de difficultés à développer cette ingénierie sociale par laquelle les différents groupes de la société font connaître leurs aspirations, prennent des initiatives, se rallient à des positions, en comprennent l'importance et sont prêts ensuite à s'engager

eux-mêmes dans le processus qui a été décidé par le pouvoir politique, après discussion devant le Parlement.
Autrement dit, il faut revenir à une vie politique et sociale plus complexe, sans tomber bien entendu dans le corporatisme. Certes, les enquêtes d'opinion peuvent être très utiles. Mais je crains qu'un jour nous soyons gouvernés par une sorte de gigantesque main invisible, avec pour conséquence que plus personne ne serait responsable de rien ! À ce moment-là, la conquête du pouvoir deviendrait une sorte de comédie de boulevard que les journalistes politiques décriraient en termes de psychologie, d'ambition, d'affinité. Ne croyez-vous pas que nous en sommes déjà un peu là… ?

Repères biographiques

Une vie engagée (1925-2023)

Jacques Delors naît le 20 juillet 1925 à Paris. Fils unique de Jeanne et Louis Delors, il grandit dans le quartier de Ménilmontant. Après son baccalauréat (1943), il est reçu à 19 ans comme rédacteur au concours de la Banque de France, où travaille son père. Il y rencontre Marie Lephaille (1923-2020), avec qui il se marie en 1948. Le couple a deux enfants, Martine (1950) et Jean-Paul (1953-1982).

À la Banque de France, Jacques Delors prépare le concours interne des cadres, en suivant des cours du soir (1947-1950). En même temps, il adhère à la CFTC, centrale chrétienne qui sera déconfessionnalisée plus tard sous le nom de CFDT. Avec sa femme, il rejoint aussi en 1953 La Vie nouvelle, mouvement de réflexion catholique proche du philosophe du personnalisme et fondateur de la revue *Esprit*, Emmanuel Mounier, auquel il aime à se référer. Il participe au volet politique du mouvement, les clubs Citoyen 60, dont il se charge à partir de 1959 des *Cahiers*.

Son engagement syndical lui vaut de siéger au Conseil économique et social, à la section de la planification. De là, il rejoint le commissariat général du Plan en 1962, cessant sa carrière à la Banque de France. Au Plan, il devient chef de service des affaires sociales.

En 1969, le Premier ministre gaulliste Jacques Chaban-Delmas le nomme dans son cabinet comme conseiller social. Jacques Delors participe à l'aventure de la « Nouvelle société ». Il inspire les « contrats de progrès » et la loi sur la formation professionnelle continue du 16 juillet 1971, surnommée loi Delors. Il en suit la mise en œuvre comme secrétaire général à la formation permanente auprès du Premier ministre.

Quittant Matignon en 1973, Jacques Delors commence à enseigner l'économie l'année suivante à l'université Paris-Dauphine et à l'ENA. Il lance aussi un nouveau club de réflexion, Échange et projets. Il rejoint en 1974 le Parti socialiste, à l'invitation de François Mitterrand. Il y est délégué national pour les relations économiques.

En 1979, il est élu député sur la liste socialiste lors des premières élections européennes au suffrage universel. Au Parlement européen, il préside la commission économique et monétaire.

L'arrivée de la gauche au pouvoir le rappelle à Paris, où le président Mitterrand le nomme en 1981 ministre de l'Économie et des Finances dans le gouvernement Mauroy. Bien qu'ayant la confiance des milieux économiques, y compris au niveau international, il doit affronter les turbulences du franc. Il plaide pour une pause dans les réformes et conduit le « tournant de la rigueur » en 1983 pour maintenir la France dans le Système monétaire européen. Cette même année, il est élu de justesse maire de Clichy (Hauts-de-Seine).

L'expérience politique locale sera de courte durée. Remarqué notamment par le chancelier allemand Helmut Kohl, Delors est nommé président de la Commission européenne en 1984. Ses dix années à Bruxelles à la tête de l'institution communautaire restent considérées comme l'âge d'or de la construction européenne, marquée par la relance du marché unique (« Objectif 1992 ») et la mise en chantier de la monnaie unique. Le prix Charlemagne lui est décerné en 1992.

De retour à Paris, il renonce à se présenter à l'élection présidentielle de 1995 malgré des sondages favorables. Il en fait l'annonce lors de l'émission télévisée *7 sur 7*, le 11 décembre 1994. À 69 ans, se consacre à d'autres engagements. Il préside, à l'Unesco, la Commission internationale sur l'éducation pour le XXIe siècle (rapport publié en 1996). Il préside aussi plusieurs années le conseil d'administration du Collège d'Europe (Bruges).

En 1996, il crée à Paris le *think tank* européen Notre Europe, devenu en 2012 Notre Europe-Institut Jacques-Delors. Un institut ouvre à Berlin en 2014 et à Bruxelles en 2017. Par ailleurs, de 2000 à 2008, il préside le CERC, Conseil de l'emploi, des revenus et de la cohésion sociale.

À l'occasion de ses 90 ans, le Conseil européen le nomme « citoyen d'honneur de l'Europe ». Il est le troisième à recevoir cette distinction après Jean Monnet et Helmut Kohl.

Il meurt à son domicile parisien le 27 décembre 2023, à 98 ans. Un hommage national présidé par Emmanuel Macron est organisé aux Invalides le 5 janvier 2024 en présence de dirigeants de toute l'Europe.

Table

PARTIE I

L'ingénieur social

PARTIE II

L'architecte économique

PARTIE III

Une conscience européenne

DE JACQUES DELORS
CHEZ ODILE JACOB

Investir dans le social, avec Michel Dollé, 2009.

France-Allemagne : le bond en avant (association Notre Europe), 1998.

L'Éducation. Un trésor est caché dedans (rapport à l'Unesco), 1996.

L'Unité d'un homme. Entretiens avec Dominique Wolton, 1994.

Le Nouveau Concert européen, 1992.

Cet ouvrage a été composé
par Nord Compo
à Villeneuve-d'Ascq (Nord).

N° d'édition : 4150-1203-X – N° d'impression : 052581474
Dépôt légal : juin 2025

Imprimé en France par Présence Graphique-Monts